그리스·로마 신화 5
디오니소스 오르페우스 에우리디케

메네라오스 스테파니데스 글 · 야니스 스테파니데스 그림
25년 동안의 신화 연구 끝에 완성한 이 작품은 1989년 세계에서 가장 오래되고 권위 있는 어린이 문학상 피에르 파올로 베르제리오상을 수상했습니다.

정재승 추천
KAIST에서 물리학을 전공하고 예일대학교 의대 정신과 연구원, 컬럼비아대학교 의대 정신과 조교수를 거쳐 현재 KAIST 바이오및뇌공학과 교수와 융합인재학부장으로 연구하고 있습니다. 의사결정 신경과학을 통해 정신질환을 탐구하고 사람을 닮은 인공지능을 개발합니다.《과학 콘서트》《물리학자는 영화에서 과학을 본다》《인류탐험보고서》《인간탐구보고서》등을 기획하거나 썼습니다. 책 읽기를 즐기며, 과학적 상상력과 신화적 상상력을 연결하고 싶어 합니다.

그리스·로마 신화 5
디오니소스 오르페우스 에우리디케

메네라오스 스테파니데스 글 | 야니스 스테파니데스 그림 | 정재승 추천

1판 1쇄 발행 2022년 6월 14일 | 1판 6쇄 발행 2024년 12월 31일
펴낸이 정중모 | 펴낸곳 파랑새 | 등록 1988년 1월 21일(제406-2000-000202호)
주간 서경진 | 편집 정혜연 | 디자인 권순영
마케팅 홍보 김선규, 고다희 | 디지털콘텐츠 구지영
제작 윤준수 | 회계 홍수진
주소 경기도 파주시 회동길 152 | 전화 031-955-0700 | 팩스 031-955-0661
홈페이지 www.yolimwon.com | 전자우편 bbchild@yolimwon.com
ISBN 978-89-6155-977-5 74800, 978-89-6155-964-5(세트)

Greek Mythology
Text copyright © Menelaos Stephanides Illustrations copyright © Yannis Stephanides
All rights reserved. Korean translation copyright © 2022 by BluebBird Publishing Co.
Korean translation copyright arranged with Sigma Publications F.& D. Stephanides O.E.
through Shinwon Agency Co., Seoul.

이 책의 한국어판 저작권은 Shinwon Agency를 통한 독점 계약으로 파랑새에 있습니다.
저작권법에 의해 한국 내에서 보호를 받는 저작물이므로 무단 전재와 무단 복제를 금합니다.

어린이제품안전특별법에 의한 제품 표시
제조자명 파랑새 | 제조년월 2024년 12월 | 제조국 대한민국 | 사용연령 12세 이상

그리스·로마 신화 5

디오니소스 오르페우스 에우리디케

메네라오스 스테파니데스 글
야니스 스테파니데스 그림

파랑새

인간과 닮은 신들을 통해
놀이와 예술의
본질을 들여다보는 것,
바로
그리스·로마 신화의 매력이다.

| 추천사 |

뇌과학으로 신화 읽기: 놀이

  고대 그리스인들은 우리가 삶에서 겪는 모든 경험들과 우리를 둘러싼 모든 사물에 대해 신이 존재한다고 믿었다. 그리고 그 신들이 올림포스산의 꼭대기에서 가족처럼 함께 모여 살고 있다고 상상했다. 그리스인들은 올림포스의 신들이 완벽한 존재가 아니라 우리 인간과 비슷하다고 여겼다. 그래서 그리스·로마 신화에 등장하는 모든 신은 우리처럼 싸우고 사랑에 빠지고 질투하고 실수한다. 인간 세상에서 일어날 법한 모든 사건이 신들의 이름으로 등장하며, 때로 극

단적으로 이야기를 밀어붙이기도 한다. 이처럼 신들이 살아가는 모습을 인간의 삶에 빗대어 보여주는 덕분에, 우리는 그리스·로마 신화를 통해 우리의 삶을 객관적으로 들여다볼 수 있다. 인간을 한발 떨어져 낯설게 보기, 그것이 그리스·로마 신화의 매력이다.

　그리스·로마 신화가 벌써 5권에 다다랐다. 여러분은 이번 권을 무척이나 좋아할 것이다. 디오니소스, 미다스, 오르페우스, 그리고 여러 뮤즈 등 매력적인 신들이 잔뜩 등장하기 때문이다. 술을 좋아하고 가무를 즐기며 놀이와 예술에 심취한 신들을 통해 우리는 놀이와 예술의 본질을 들여다볼 수 있다.

이번 책에서는 '놀이'라는 개념을 열쇳말로 주목하길 바란다. 누가 시켜서가 아니라 스스로 간절히 갈망하는 것, 결과보다 과정을 즐기는 것, 혼자 해도 좋고 함께 해도 좋은 것, 날마다 반복해도 결코 똑같이 되풀이되지 않으며 매번 다른 재미를 찾을 수 있는 것, 그러다가 종종 예상치 못한 근사한 결과들을 만들어 내기도 하는 것. 그것이 바로 놀이이다.

어린이의 두뇌 활동은 놀 때 가장 활발해진다. 뇌 전체를 최대한 골고루 사용하며 세상을 배우고 학습하는 것이다. 인간은 다른 어떤 동물보다도 더 긴 '어린 시절'을 보낸다. 덕분에 인간은 지구상에서 가장 오랫동안 노는 동물이라고 할 수 있다! 우리는 놀이를 통해 창의적으로 문제를 해결하고, 친구들과 함께하는 즐거움을 만끽한다. 놀이가 인간의 지능을 발달시키는 아주 강력한 학습 과정인 셈이다. 또한

예술은 그 놀이 과정이 만들어 낸 가장 아름다운 창조물이다. 여러분이 그리스·로마 신화의 온갖 신들과 함께 마음껏 놀았으면 좋겠다. 무한한 머릿속 상상의 세계 안에서!

정재승 (뇌과학자, 『과학콘서트』 『열두발자국』 저자)

|차례|

추천의 글 6

달, 새벽 그리고 해　15

디오니소스　45

판　91

뮤즈들과 카리테스　99

오르페우스와 에우리디케　113

달, 새벽 그리고 해

달, 새벽 그리고 해

 오랜 옛날부터 해는 아침마다 떠서 세상을 밝게 비추었다. 그리고 매일 밤 달이 하늘을 가로질러 천천히 움직일 때쯤에는 땅으로 내려왔다.

 강력한 제우스 신이 올림포스를 다스릴 때에도, 무서운 크로노스가 신과 사람들을 다스릴 때에도 그랬다.

 더 먼 옛날로 거슬러 올라가서 우라노스 신이 세상의 첫 지배자가 되었을 때에도 마찬가지였다.

 이렇게 오랜 옛날부터 우리가 사는 세상에는 해와 달이

있어 왔고, 앞으로도 계속될 것이다.

다만 옛날과 다른 점이 하나 있다.

옛날 사람들은 날마다 일어나는 일에 대해서 풍부한 상상력으로 이야기를 꾸며 냈다는 것이다.

옛날 사람들은 달, 새벽 그리고 해를 아름답고 강력한 신으로 생각했다.

또한 달, 새벽 그리고 해를 티탄인 히페리온과 테이아 사이에서 태어난 자식들로 생각했다.

그리하여 다음과 같은 이야기를 만들어 냈다.

셀레네 여신

길고 흰 옷을 입은 달의 여신 셀레네는 뿔이 안으로 말린 황소가 끄는 마차를 타고 밤마다 나타났다.

셀레네는 고요한 밤에 구름 사이와 하늘을 가로질러 천천히 항해하며 평화로운 은빛을 세상에 뿌렸다.

그러나 셀레네의 순수하고 사랑스러운 얼굴에는 커다란 슬픔의 그림자가 드리워져 있었다.

셀레네는 자신이 가장 사랑하는 엔디미온 때문에 한없

이 마음이 아팠다.

엔디미온은 말을 할 수 없었으며, 셀레네가 불러도 대답할 수 없었다. 그는 깨어날 수 없는 깊은 잠에 빠져 누워 있을 뿐이었다.

멋지게 생긴 엔디미온은 제우스에게 영원히 죽지 않는 신들처럼 자신도 늙지 않고 젊은 모습을 간직하도록 영원한 잠에 빠지게 해 달라고 부탁했다.

세상의 주인인 제우스는 잠의 신 힙노스에게 엔디미온의 소망을 들어주라고 명령했다.

그렇게 해서 엔디미온은 영원히 깨어날 수 없었다. 하지만 셀레네는 엔디미온에 대한 사랑을 멈출 수가 없었다.

셀레네는 매일 밤 엔디미온을 만나기 위해 날아갔다. 은빛 손가락으로 엔디미온의 얼굴을 어루만지고 그의 귀에 그를 볼 수 없는 고통스러운 마음을 담은 말들을 속삭이기 위해서였다.

셀레네는 사랑하는 엔디미온이 다시는 눈을 뜰 수 없으며, 자신을 사랑한다는 말을 전하기 위해서 깨어나지는 않을 것을 알았기 때문에 언제나 슬프고 창백했다.

에오스 여신

셀레네의 여동생은 장밋빛 손가락을 가진 새벽의 여신 에오스였다.

에오스와 아스트라이오스 사이에서 태어난 자식들은 밤하늘을 수놓는 별들과 네 가지 바람을 다스리는 신들이

었다.

밤이 끝나 갈 때, 에오스는 오빠인 태양신 헬리오스의 등장을 세상에 알리기 위해 하늘에 나타났다.

에오스는 얇고 가벼운 천으로 만든 옷을 입고 하얀 날개를 부드럽게 펄럭이며 하늘로 날아올랐다.

에오스는 희미하고 부드러운 빛을 세상의 모든 것들 위에 뿌렸다. 그러다가 점점 힘이 세져서 천천히 밤의 어두움을 몰아냈다.

에오스는 왼손에 시원한 물로 가득 찬 황금 단지를 가지고 다녔다.

그녀는 단지 속에 손가락을 담갔다가, 땅에 있는 초원과 꽃들에게 진주처럼 빛나는 이슬을 뿌렸다.

헬리오스 신의 위대한 일

머지않아 에오스는 동쪽에 있는 태양신 헬리오스의 황금 궁전에 닿았다.

장밋빛 손가락을 가진 에오스가 궁전의 높은 문을 열면, 헬리오스가 날개 달린 네 마리의 말이 끄는 황금 마차에 서서 나오기 시작했다.

잠시 뒤 마차가 땅을 박차고 솟아오르면, 헬리오스는 하루의 여행을 떠나기 위해 찬란하고 장엄하게 지평선 위에 나타났다.

태양신이 매일 하는 일은 무척 어려운 것이었다.

헬리오스는 항로에서 1인치도 벗어나지 않고 하늘 높이 마차를 몰아야만 했다.

그는 항해 도중에 전갈, 게, 사자와 같은 괴물과 무서운 짐승들을 만났다.

그러나 헬리오스는 그들을 보고 아무런 두려움을 느끼지 않았다. 그는 날마다 하늘을 가로지르는 여행으로 만들어 놓은 마차 바큇자국을 침착하게 따라갔다.

어떤 괴물도 감히 위대한 태양신의 길목을 막지 못했고 그의 마차를 이끄는 말들을 놀라게 하지는 못했다.

왜냐하면 모든 괴물들은 그런 짓을 했다가는 헬리오스의 불꽃에 타 버린다는 것을 알고 있었기 때문이다.

그래서 태양신 헬리오스는 아무런 두려움 없이 자신의 길을 계속 갈 수 있었다.

헬리오스는 자신이 지나가면서 빛을 내릴 때마다 땅을 따뜻하게 하고, 살아 있는 모든 것들에 생명을 주는 일을 행복하게 생각했다.
 날이 저물어 갈 때쯤이면 헬리오스의 마차는 천천히 아래로 아래로 가라앉았다.
 이때 헬리오스는 한층 더 능숙한 솜씨로 고삐를 단단히 잡고 말들을 몰아야 했다. 말들이 발을 헛디디면 빛나는 마차는 땅 쪽으로 급격히 떨어지며, 그것은 세상의 마지

막을 뜻하기 때문이었다.

저녁이 가까워 오면 헬리오스는 느긋하게 위세를 떨치기 시작했다. 수천 가지 색깔에 물든 자연이 위대한 신 헬리오스가 아름답고 우아한 일을 했다고 칭찬했다.

그리고 수많은 목소리가 이렇게 말하는 것 같았다.

"신이여, 태양의 밝은 빛을 다시 볼 수 있도록 헬리오스를 영원히 살아 있게 하소서."

태양의 황금 궁전들

해는 지고, 헬리오스는 저 멀리 서쪽에 끝이 없는 바다 위 폴추네이트섬 가까이에 가라앉았다.

그곳에는 헬리오스를 동쪽의 빛나는 궁전으로 다시 데려가기 위해 황금 배가 기다리고 있었다.

이 궁전들은 헤파이스토스가 만든 작품이었다.

헤파이스토스는 금과 은, 보석을 솜씨 있게 섞어서 무지개 빛으로 궁전을 빛나게 했다.

헬리오스는 올림포스의 위대한 장인이 자신을 위해 지은 번쩍이는 궁전에서 밤 동안 휴식을 취했다.

 그리고 새로운 날이 다가오면 헬리오스를 깨우기 위해, 날개가 금빛으로 빛나는 어린 까마귀들이 때를 알렸다.
 헬리오스는 곧바로 일어나 길고 힘든 여행을 준비했다.
 그리하여 몇천 년 동안 헬리오스는 날마다 하늘을 가로질러 빛나는 마차를 몰면서 온 세상에 빛을 뿌려 따뜻함과 상쾌함을 퍼뜨렸다.
 헬리오스는 같은 길을 정확하게 지키며, 행로를 벗어나

지 않고 항상 순조로운 여행을 했다. 하지만 단 한 번 이 규칙적인 흐름이 깨져, 태양이 무시무시한 힘을 보인 적이 있었다.

숲이 타고 그 불꽃이 흩어져 온 마을이 완전히 타 버렸다.

어떻게 그러한 재앙이 일어날 수 있었을까?

헬리오스의 아들 파에톤의 신화에서 우리는 그 해답을 얻을 수 있다.

파에톤

멋지고 용감한 젊은이 파에톤은 어머니 클리메네와 땅에서 살았다.

파에톤은 아버지인 헬리오스가 하는 일에 매우 감탄했다. 그리고 자신도 아버지처럼 태양의 황금 마차로 하늘을 건너 볼 기회를 찾고 있었다.

어느 날, 파에톤은 아르고스의 공주 이오와 제우스 사이에서 태어난 아들인 에파포스에게 모욕을 당했다.

에파포스는 자신의 몸에 흐르는 제우스의 피를 대단히

자랑스러워했다.

에파포스는 파에톤에게 다음과 같이 말했다.

"네 어머니는 헬리오스가 네 아버지라고 거짓말을 하고 있어. 더더군다나 너는 어느 인간의 아들인지 알 수도 없을 거야."

파에톤은 이 모욕적인 말에 기분이 매우 상했다.

"너에게 그런 말을 듣느니 차라리 가슴에 화살이 꽂히

는 게 낫겠다."

파에톤은 곧 어머니에게 달려가 에파포스가 자신에게 비아냥거린 말들을 전했다.

"저는 지금껏 저를 길러 주신 분이 인간이라는 것과 제가 양아버지 아래에서 자라난 것을 부끄러워한 적이 없어요. 저를 부끄럽게 하는 것은 제가 어머니에게 속아 왔다는 사실이에요."

클리메네는 소리쳤다.

"뭐라고? 내 아들아, 너는 내가 단 한 번이라도 너를 속였다고 생각하니? 오늘 밤 너를 태어나게 한 아버지의 궁전으로 가라. 헬리오스가 너를 안심시켜 줄 거다."

파에톤은 헬리오스의 황금 궁전으로 달려갔다. 그는 아버지를 보자마자 소리쳤다.

"오, 빛나는 헬리오스여. 여태까지 저는 항상 당신을 아버지라고 불렀습니다. 하지만 당신을 정말 아버지라고 부를 수 있을지 모르겠어요."

그러고는 자신의 마음을 갉아먹고 있는 의심을 태양신 헬리오스에게 말했다.

그러자 헬리오스가 큰 소리로 말했다.

"누가 그따위 말을 하더냐? 즉각 그를 태워 버리겠다. 아무도 내 아들을 모욕할 수 없다는 것을 세상에 보여 주겠다!"

"아버지, 저는 당신의 불로 그를 태워 버리기를 원하지 않아요. 단지 건방진 에파포스의 입을 영원히 다물게 할 수 있는 방법을 알려 주세요."

"하하! 그러니까 에파포스가 다시 하찮은 흉계를 꾸미고 있단 말이지. 하지만 그까짓 농담에 그렇게 화를 낼 가치가 있느냐?"

"아버지, 농담이 아니에요. 에파포스는 진지하게 말하고 있었어요. 저는 그를 다시 볼 수가 없어요. 제가 누구의 아들인지 알 수 없다는 말로 조롱을 받는 것보다는 오히려 세상에서 사라지는 게 낫겠어요."

"너는 내 아들이고, 네 어머니는 클리메네라고 산꼭대기에서 소리쳐라."

"네, 하지만 누가 저를 믿겠어요?"

헬리오스는 다정하게 물었다.

"내 아들아, 그러면 내가 어떻게 너를 도와 줄 수 있겠니?"

"먼저 제가 원하는 것을 아버지가 해 주시겠다고 맹세하세요."

"내가 엄숙히 맹세할 정도로 그리 큰일은 아닌 것 같구나. 그러나 네가 너무 슬퍼하는 것 같으니, 그렇게 해서 네가 행복하다면 그렇게 해 주겠다. 좋다! 나는 신성한 스틱스강에 걸고 맹세하겠다. 네가 원하는 것이면 무엇이든

해 주겠다."

그러자 무모한 파에톤은 소리쳤다.

나는 날고 싶어요!

"저는 단 하루만이라도 아버지의 마차를 타고 하늘을 가로지르고 싶습니다!"

"뭐라고? 내 아들아, 모든 신들 가운데서도 가장 강한 제우스도 이 마차를 몰 수는 없다. 제발 다른 것을 요구해

라. 너를 파멸시키는 것은 요구하지 말아라."

"저를 파멸시키려는 게 아니에요. 오직 하늘을 날고 싶어요. 아버지는 저에게 약속하셨잖아요."

"그렇다. 나는 네게 약속했다. 내가 가볍게 약속했다면 지키지 않아도 되었을 것을. 하지만 거룩한 스틱스강을 걸고 한 맹세를 어떻게 깰 수 있단 말인가! 아들아, 제발 마음을 돌리고 다른 것을 요구해라. 네가 요구할 수 있는 것은 몇천 가지가 있다. 그런데도 너는 여전히 너를 파멸로 이끌 것만을 선택하겠다고 고집을 피우고 있구나."

파에톤은 단호하게 말했다.

"그것 말고는 아무것도 원하지 않아요. 만약에 제가 정말로 아버지의 아들이라면, 제가 하늘을 날아서 해가 되어 세상을 비출 수 있도록 아버지의 마차를 하루만 빌려주세요. 그러면 다시는 아무도 저를 모욕하지 못할 겁니다."

"너는 용감하지만 겁이 없구나. 사랑스러운 아들아, 너는 아직 너무 어리다. 아마 이 일로 목숨을 잃을 것이다. 그것은 비극이다. 네 마음을 바꾸기에 결코 늦지 않았다.

저 말들은 고집이 무척 세단다. 이해 못 하겠니? 네가 무시무시한 괴물들에게 놀라서 항로를 바꾸는 즉시, 너는 죽고 말 것이다."

  하지만 파에톤은 아버지의 팔에 쓰러져 흐느끼며, 자신의 소원을 들어달라고 빌었다.

  스틱스강을 걸고 엄숙하게 약속한 헬리오스는 아들을 파멸시킬 것을 알면서도 아들의 손에 마차 고삐를 건네줄 수밖에 없음을 깨달았다.

  헬리오스는 이런 상황에서 파에톤을 살릴 방법이 있다는 것을 전혀 믿지 않았다.

  하지만 불꽃에 타지 않도록 아들의 몸에 정성스레 마술 연고를 발라 주었다.

  그러고 나서 절망적인 목소리로 말했다.

  "아들아, 고삐를 단단히 잡아라. 그래야 말들이 숙련되지 못한 마부가 자기를 몰고 있다는 것을 깨달을 수 없을 것이다.

  그리고 말들에게 채찍을 쓰지 마라. 채찍을 쓰면 사납게 변할 것이다. 하늘에 보이는 바퀴자국을 따라가야

한다.

 네가 하늘에 올라가면 항로를 벗어나 길을 잃지 않도록 조심해야 한다.

 높이 오르면 아래를 내려다보지 말아라. 내려다보면 어지러울 거다. 내려갈 때는 마차가 쓰러지거나 땅 아래로 떨어져 박살 나지 않도록 고삐를 세게 잡고 끌어당겨야 한다.

 내 말을 잘 듣고 있는 거냐? 내가 마차를 몰았으면 좋겠구나.

 이제 우리가 세상에 불을 밝힐 시간이 왔다. 에오스가 문을 열어 주러 왔구나."

파에톤, 돌아와라!

 그러나 헬리오스가 어떻게 해 볼 사이도 없이, 파에톤은 마차에 뛰어들어 난폭하게 고삐를 잡아당겼다.

 말들은 하얀 날개를 펴고 태양신의 궁전 문을 빠져나가 가벼운 걸음으로 천천히 달리기 시작했다.

 그러자 파에톤은 아버지에게 급하게 작별 인사를 했다.

헬리오스는 있는 힘을 다해 파에톤을 따라가며 소리쳤다.

"내 아들아, 어디로 가니? 파에톤, 돌아와라! 너는 결국 자신을 죽일 거다! 아, 이 무모한 아들아. 광활한 넓은 하늘, 햇빛, 그런 것들이 그렇게도 너를 끌어당기느냐!

맙소사, 저런 대담한 아이가 하데스의 어두운 구렁텅이 속으로 들어가야만 하다니 이 얼마나 불공평한 일인가! 파에톤, 너 듣고 있니? 돌아와라!"

하지만 파에톤은 더 이상 아버지의 말을 듣지 않았다.

말들은 이미 하늘로 오르기 시작했고, 파에톤의 기쁨은 말로 표현할 수가 없었다.

이제 에파포스는 감히 그를 모욕하지 않을 것이다. 하지만 파에톤에게는 그런 사소한 것은 더 이상 걱정거리가 되지 못했다.

왜냐하면 빛나는 마차가 땅을 떠나자 더 멋진 생각이 그의 마음을 사로잡았기 때문이다.

태양의 황금 광선은 세상에 빛을 뿌려 생명과 따뜻함을 주었다.

파에톤은 이것이야말로 자신이 세상을 위해 할 수 있는 가장 위대한 일이라고 생각했다.

'아! 이 마차를 더 자주 몰 수만 있다면!'

이런 생각에 도취되어 파에톤은 자신이 어디에 있는지조차 잊어버렸다.

파에톤은 더 이상 말들을 이끌고 나갈 수 없다고 느꼈다. 마차 또한 가볍게 느껴졌다.

말들은 앞발을 들어 올려서 항로를 벗어난 채 뛰어나갔다.

파에톤은 마차의 바큇자국이 보이지 않게 되자 자신에게 닥친 위험이 무엇인지 깨달았다.

파에톤은 마차를 다시 항로로 되돌리려고 애썼다. 하지만 말들은 그의 말을 듣지 않고 알지 못하는 곳으로 달려갔다.

그때 갑자기 하늘에 큰 전갈이 나타났다. 공포에 휩싸인 파에톤은 고삐를 놓치고 말았다. 그것이 종말의 시작이었다.

파에톤의 통제를 벗어난 말들은 가고 싶은 대로 달

렸다.

  때때로 아래쪽으로 달려가는 바람에 땅에 불이 붙었다. 때로는 하늘 높이 날아오르는 바람에 하늘도 불타올랐다.

파에톤은 불타는 공기 속에서 숨이 막혔다.

하지만 파에톤이 할 수 있는 일은 아무것도 없었다.

그는 지금 어디로 가고 있는지 또 어떻게 해야 말들을 다룰 수 있는지 알 수 없었다.

파에톤은 그제야 아버지의 충고를 듣지 않았던 것을 후회했다. 그러나 이미 때늦은 후회였다.

자연은 이제 지옥 같은 불바다가 되었다.

파에톤이 바라보는 아래 세상은 불타고 있었다. 파르나소스산의 쌍둥이 봉우리도 불꽃에 휩싸여 있었다.

이다산과 그늘진 페리온산도 타올랐다. 숲이 많은 헬리콘이나 우뚝 솟은 타이게투스산은 붉은빛으로 잠겨 있었다.

카프카스산맥과 아시아에 있는 모든 숲에도 불이 붙었다. 모든 도시와 국가들이 사라졌다. 우물과 시내도 다 말라 버리고 요정들은 가장 깊은 동굴 속으로 숨으려고 뛰어갔다.

길고 큰 나일강과 유프라테스강도 끓어올랐고, 수증기로 만들어진 구름이 바다에서 피어올랐다.

땅은 말라 버리고, 금이 가고, 쩍쩍 갈라졌다.

그 갈라진 틈이 너무 깊은 나머지 태양의 불 같은 광선들이 하데스 신이 다스리는 지하 세계의 가장 어두운 영역까지 뚫고 들어갔다.

그러자 위대한 땅의 여신이며 모든 것의 어머니인 가이아가 일어나 울음을 터뜨리며 올림포스를 향해 소리쳤다.

"세상을 다스리는 주인 제우스여, 모든 땅이 불꽃에 싸여 있는 게 보이지 않으십니까?

강과 짙푸르게 우거진 숲을 다 잃어야겠습니까? 내 땅으로 먹고사는 모든 종족의 사람들이 이 땅에 살고 있는 다른 모든 생물과 함께 파괴되어야겠습니까?

옛날의 혼돈이 다시 오고, 이제까지 이루어 온 모든 것이 한낱 재가 되어야겠습니까? 땅과 하늘, 신과 인간, 삶과 사랑이 아무런 쓸모도 없는 것이 되어야 합니까?

오, 제우스 신이여! 즉각 땅에서 불꽃을 거두어 주소서. 그렇지 않으면 때가 늦을 것입니다."

파에톤의 죽음

바로 그때 구름 뒤에서 제우스가 나타났다.

그는 오른팔을 위로 들어올려 벼락을 쏘았고, 순식간에 땅 위의 불꽃을 모두 껐다.

제우스는 또 다른 벼락을 쏘아 파에톤의 마차를 부수어 조각내 버렸다.

헬리오스의 아들은 유성처럼 우주에 내던져졌으며, 그의 머리는 흐르는 불과 같이 흩날렸다.

마침내 불쌍한 파에톤은 세상에서 아득히 먼 에리다노스강에 떨어졌다.

서쪽 나라의 요정인 헤스

페리스들이 달려가 파에톤의 시신을 거두어 눈물을 흘리며 강둑 위에 묻었다.

다음 날, 밝은 태양이 뜨지 않았다.

헬리오스가 하늘에 나타나지 않은 것이었다.

헬리오스는 파에톤을 애도하고 있었다.

파에톤은 높이 날고 싶어 했다. 하지만 높이 날기에는 자신의 힘이 부족하다는 것을 믿지 않았기 때문에 죽었다.

그러나 위대한 신 헬리오스는 자신의 아들이 무척이나 자랑스러웠다.

왜냐하면 비록 파에톤은 죽었지만, 그에 대한 기억은 영원히 사람들의 마음속에 남아 있을 것이기 때문이었다.

헬리오스는 그러한 용감함 덕분에 세상이 조금씩 발전한다는 사실을 알았다.

커다란 슬픔

하지만 헬리오스는 파에톤의 어머니를 위로할 길이 없었다.

클리메네는 정신이 반쯤 나간 채 아들의 시신을 미친 듯이 찾아다녔다.

드디어 그녀는 에리다노스강 옆에서 파에톤의 무덤을 찾았다.

그녀는 목숨을 던져 버린 아들을 한탄하며 울었다.

클리메네의 딸인 헬리아스들은 어머니 옆에 서서 비통한 눈물을 흘리며 오빠를 애도했다.

그들은 파에톤을 혼자 두고 떠날 수 없었다.

그리하여 날이면 날마다, 밤이면 밤마다 끝없이 울면서 무덤 곁에 머물러 있었다.

결국 신들은 그들을 가엾게 여겨 버드나무로 변하게 했다.

그들은 그곳에 뿌리를 내리고, 나뭇가지들은 어머니와 누이동생들의 눈물이 강물로 떨어질 수 있도록 에리다노스강둑에 슬프게 매달려 있었다.

그 뒤로 그런 나무는 '우는 버드나무'라고 불린다.

아버지의 충고를 듣지 않아 목숨을 잃은 용감한 젊은이 파에톤의 이야기는 여기에서 끝이 난다.

만약 여러분이 파에톤의 신화를 다른 책에서 다시 읽게 된다면, 그 책에는 파에톤의 어머니가 클리메네가 아니라 로데로 쓰여 있을지도 모른다.

하지만 그것 때문에 너무 놀라지 않기를 바란다. 모든 신화는 시대와 장소에 따라 어느 정도 차이를 가지기 때문이다.

로데는 헬리오스가 그녀의 이름을 딴 섬인 로도스섬에서 만나 사랑에 빠진 요정이다.

둘 사이에는 자녀들이 많았는데, 다른 사람들이 말하는 것처럼 그 가운데 한 명이 파에톤이었다.

태양에 대한 숭배

로도스섬에서는 헬리오스가 다른 어떤 신보다 숭배되었다. 그리고 수도에는 헬리오스를 위해 대리석 사원이 세워졌다.

그곳에서는 5년마다 헬리오스를 기념하여 큰 축제가 열렸는데, 운동경기를 비롯하여 마차경기와 예술 행사가 펼쳐졌다.

로도스에서 가장 거대하고 유명한 콜로소스상이 그리스에 세워졌으며, 그것은 헬리오스를 상징한다.

콜로소스상은 항구 입구에 있었으며, 벌린 다리 아래로 배들이 지나갈 정도로 컸다.

린도스의 해리스가 세운 이 콜로소스상은 세계 7대 불가사의 가운데 하나다.

다른 말로 하자면 로도스는 위대한 태양신인 헬리오스에게 바쳐진 섬이었다.

그러나 그 섬은 신기한 방법으로 헬리오스 것이 되었다.

신들이 세상을 나누어 가질 때, 헬리오스가 그 자리에 없었기 때문에 신들은 그의 몫을 나누어 주는 것을 잊었다.

하지만 사람들의 마음을 따뜻하게 해 주는 일을 하는 헬리오스는 신들이 자신을 잊어버린 것에 대해 기분 나빠하지 않았다.

헬리오스는 부드럽게 말했다.

"괜찮아. 오늘 내가 하늘을 가로질러 가운데쯤 왔을 때 바다에서 새로운 섬이 떠오르는 것을 보았어. 그 섬을 나에게 주면 만족할 것 같아."

다른 신들은 기꺼이 헬리오스가 그 섬을 갖도록 했다. 그렇지 않으면 처음부터 모든 것을 다시 나누어 가져야 했기 때문이다.

물론 헬리오스가 본 섬은 매혹적이고 눈부신 햇빛에 흠뻑 젖은 로도스섬이었다.

디오니소스

행복의 신

제우스가 하늘과 땅을 다스리던 아득히 먼 옛날, 그리스의 모든 도시는 디오니소스 신을 기념하여 축제나 축전을 열었다.

예를 들어 아테네에서는 아테나 신을, 델포이에서는 아폴론 신을, 코린토스에서는 포세이돈을 중요한 신으로 숭배했다.

그러나 디오니소스 신은 모든 곳에서 숭배되었다.

디오니소스에 대한 숭배는 그리스를 뛰어넘어 모든 곳

으로 퍼져 나갔고, 사람들이 그를 받아들이기까지는 시간이 얼마 걸리지 않았다.

이것은 그리스의 다른 신에게는 없었던 일이다.

포도주의 신 디오니소스에 대한 숭배가 그렇게 멀리 그리고 넓게 퍼져 있는 것에 대해 낯설거나 이상하게 여길 필요는 없다.

사람들은 금세 디오니소스를 사랑하게 되었다.

왜냐하면 그는 늘 기분 좋고 명랑한 신이며, 포도주의 신이었기 때문이다.

디오니소스를 기념한 축제는 사람들의 생활을 달콤하게 하는 잔치였다.

디오니소스는 제우스와 테베를 세운 카드모스의 딸 세멜레의 아들이었다.

디오니소스는 매우 이상한 과정을 통해 태어났다. 사실 그는 두 번 태어났다고 할 수 있다.

세멜레 공주의 아름다움과 우아함은 올림포스의 여신보다도 뛰어났다.

곧 제우스는 세멜레의 아름다움에 반해 버렸다.

신과 인간의 주인인 제우스였기 때문에 그녀의 사랑을 차지하는 데는 어려움이 없었다.

시간이 흘러 세멜레가 제우스의 아들인 디오니소스를 낳을 때가 가까워 왔다.

그러나 세멜레는 어머니가 된다는 생각에 마음이 설레고 약해져 보통 사람들이 느끼는 기쁨을 누리지 못하도록 운명 지어져 있었다.

디오니소스의 어머니, 세멜레

제우스의 부인인 헤라 여신은 아름다운 세멜레에게 몹시 질투가 나서 복수하기로 결심했다.

헤라는 세멜레 앞에 나타나서 말했다.

"제우스는 당신을 사랑하지 않았어. 만약에 내 말을 믿지 못하겠다면 제우스에게 신의 위엄을 차리고 당신 앞에 나타나라고 해 봐. 당신이 부탁하는 것을 어떻게 거절하는가 보라고."

세멜레는 헤라가 왜 이런 말을 하는지 의심하지도 않고 제우스에게 자신의 부탁을 들어달라고 했다.

제우스가 순순히 동의하자, 세멜레가 말을 꺼냈다.

"당신은 신으로서가 아니라 인간으로서 언제나 제 앞에 나타났어요. 멋지고 훌륭하지만 여전히 인간으로 변한 모습입니다. 당신이 한 번만이라도 올림포스 신의 위엄을 갖추고 제 앞에 나타나는 것을 보았으면 좋겠어요.

하늘과 땅의 주인으로서 영광스러운 빛에 휩싸인 당신의 진짜 모습을 보고 싶어요."

제우스가 대답했다.

"이 어리석은 것! 어떤 인간도 그러한 광경을 마주할 힘이 없어. 너의 다른 소원은 모두 들어줄 수 있어. 하지만 네가 말하는 것은 결국 너를 망치고 말 것이야."

제우스의 대답을 듣자 세멜레는 더욱더 그를 의심하게 되었다.

'헤라의 말이 맞았어.'

세멜레는 이렇게 생각하고는 절망 속에서 용기를 내어 분명하게 소리쳤다.

"내가 원하는 건 그것뿐이에요. 다른 것은 필요 없어요. 당신이 나를 사랑한다면 내가 원하는 것을 해 주어야만

해요."

이미 세멜레와 약속을 한 제우스는 더 이상 거절할 수가 없었다.

그는 소리쳤다.

"스스로 불행을 부른 인간아, 이것이 제우스다!"

바로 그때, 눈을 어지럽히는 빛이 카드모스의 궁전을 가득 채웠다.

신과 사람들의 위대한 신 제우스가 눈부시고 웅장한 모습으로 세멜레 앞에 나타났다.

제우스는 손에 방금 쏘았던 벼락 묶음을 쥐고 있었는데, 벼락은 그의 주변에 있는 모든 것을 태웠다.

땅이 흔들리기 시작했고, 궁전이 무너져 내리며 불에 타 버린 폐허가 되었다.

세멜레는 불길에 휩싸인 채 땅으로

떨어졌다.

그녀는 죽기 바로 전에 디오니소스를 낳았다.

디오니소스의 탄생

제우스는 애처롭게도 어머니의 자궁 속에서 겨우 6개월밖에 있지 못한 아기를 안아 올렸다.

그리고 그 가련한 생명을 살리기 위해 허벅지 안에 아기를 넣고 꿰맸다.

적당한 시기가 될 때까지 아기는 제우스의 허벅지에 있어야만 했다.

석 달이 지나자 불쌍한 아기는 제우스의 허벅지를 열고 다시 태어났다.

그리하여 다오니소스의 어머니는 인간이었지만, 디오니소스는 다른 신들처럼 영원히 죽지 않는 신이 되었다. 그는 두 번째로 태어날 때 사람이 아닌 세상의 강력한 통치자인 제우스의 몸에서 태어났기 때문이다.

제우스는 마음씨 좋은 숲의 요정 히아스들에게 어린 신을 맡겼다. 히아스들은 사랑으로 디오니소스를 보살폈다.

　나중에 제우스는 히아스들에게 고마운 마음을 전하기 위해, 그들을 하늘로 올려서 별들 사이에 자리 잡게 했다.
　그것은 오늘날의 히아데스 별자리가 되었다.
　디오니소스는 멋지고 매력적인 신으로 자랐으며 언제나 즐겁고 명랑했다.
　디오니소스는 세상에서 포도를 처음으로 재배한 신이었고 사람들에게 포도밭을 보살피는 방법, 포도주 만드는 방법을 가르쳐 주었다.

그리고 웃음과 축제, 춤과 노래로 생활을 즐겁게 하는 방법을 보여 주기 위해 열심히 일했다.

디오니소스는 올림포스에 살지 않고 들판이나 숲을 방랑했다.

이마에는 포도 잎사귀 화관을 쓰고, 손에는 꼭대기에 솔방울이 달린 담쟁이로 싸인 막대기를 가지고 있었다.

반인반수(몸의 반은 사람이고 나머지 반은 짐승인 괴물)의 괴물과 무녀들의 즐겁고 시끌벅적한 악단이 잘생긴 디오니소스의 뒤를 따랐다.

디오니소스의 행복한 수행원들

디오니소스를 따라다니며 함께 어울리는 이상한 친구들이 있었다. 그 가운데에는 반인반수의 괴물도 있었다.

어떤 반인반수는 머리에 뿔이 달리고 염소 다리였으며, 어떤 반인반수는 엉덩이에 말의 꼬리를 달고 있었다.

디오니소스를 따라다니는 자들 가운데 대부분이 디오니소스처럼 담쟁이로 덮인 막대기를 가지고 다녔다.

어떤 이들은 심벌즈를 치고, 또 다른 이들은 플루트를 연주하거나 노래를 불렀다.

그들은 모두 숲의 열광적인 요정인 무녀들과 신이 나도록 춤을 추었다.

모든 친구들이 서로 축배를 들 수 있도록 포도주 병을 실은 당나귀들이 항상 그들 뒤를 따랐다.

디오니소스를 따라다니는 무리들 가운데서는 염소의 발을 가진, 숲의 신인 판을 자주 발견할 수 있었다.

판이 파이프를 연주하기 시작하면 시끌벅적한 소리들이 일제히 잦아들고 주위가 조용해졌다. 모든 이들이 판의 매혹적인 음악에서 울려 나오는 마술적인 힘에 이끌려서 그의 앞으로 다가왔다.

행복해하고 즐거워하는 사람들 속에는 이상한 가락을 내는 디오니소스의 선생인 늙은 실레노스가 있었다.

실레노스는 침울하고 조용하게 당나귀를 타고 그들 뒤를 따랐다. 비록 그는 춤을 추거나 축제를 벌이기에는 너무 나이가 많았지만, 쾌활한 악단과 떨어져 있지 않으려고 했다.

왜냐하면 실레노스는 디오니소스와 포도주를 많이 사랑했기 때문이다.

오랜 세월을 산 실레노스는 이렇게 좋은 포도주는 세상 어느 곳에서도 맛볼 수 없다는 것을 알고 있었다.

그래서 실레노스는 자주 그들과 어울렸다. 그는 때때로 플루트를 연주했고, 비록 비틀거렸지만 몇 발자국을 움직여 행복한 친구들의 춤에 끼어드는 척했다.

이렇게 디오니소스는 친구들과 세상을 두루 여행하면

서 사람들에게 땅을 개간하여 포도 심는 방법을 알려 주었다.

그리고 땀 흘려 거둔 열매로 포도주를 만들고, 노래하고 즐겁게 노는 방법을 가르쳤다.

기쁨의 신 디오니소스가 가는 곳이면 사람들은 어디서나 두 팔 벌려 환영했다. 그들은 디오니소스의 이름을 기리는 제단을 세웠고 춤을 추고 노래를 부르며 그를 기념했다.

그러나 디오니소스의 가치를 깨닫지 못하는 사람들도 있었다. 그들은 디오니소스가 끼치는 영향에 맞서고자 했다.

그 사람들은 기쁨과 웃음이 흐르게 하는 말을 막는 것은 불가능하며 곧 그것들이 널리 퍼지리라는 것을 이해하지 못했다.

최초의 포도주
세상에서 처음으로 포도를 키운 사람은 아이톨리아의 왕 오이네우스였다.

디오니소스는 왕의 들판 옆에 포도를 조금 심었다.

어느 날 왕의 가축을 돌보던 스타필로스는 염소 한 마리가 날마다 입에 뭔가를 물고 오는 것을 보았다.

스타필로스는 염소를 따라갔다가 덤불에 송이로 매달려 있는 과일을 발견했다.

염소가 먹고 있는 열매는 그가 태어나서 한 번도 본 적이 없는 신기한 것이었다.

스타필로스가 열매를 따서 조금 먹어 보니 맛이 있었다.

그래서 그는 자신의 왕인 오이네우스에게 몇 송이 가져갔다.

오이네우스는 그 과일에 즙이 많다는 것을 알고 그것을 짜서 음료로 만들라고 했다.

오이네우스가 음료를 몇 모금 마실 때였다. 디오니소스가 그의 앞에 나타나서 그 음료의 맛이 어떠냐고 물었다.

"훌륭해!"

오이네우스는 이렇게 대답하고 디오니소스를 식탁에 앉도록 청했다.

그러고 나서 그는 하인들에게 디오니소스 앞에 풍성한 식탁을 차리라고 명령했다.

부지런한 스타필로스는 음식을 정성껏 준비했다.

그들이 먹고 마시며 행복한 분위기에 젖었을 때 디오니소스가 일어나 말했다.

"나는 당신에게 훌륭하게 대접받았습니다. 이제는 내가 당신을 대접할 차례입니다."

디오니소스는 스타필로스가 정성스레 가져온 과일을 가리키며 덧붙였다.

"과일의 이름은 이것을 처음 발견한 사람인 스타필로스의 이름을 따서 짓도록 합시다."

이 말과 함께 디오니소스는 왼손에 포도송이를 들고, 오른손에는 달콤한 음료가 흘러넘치는 잔을 높이 들었다.

그러고는 이어서 말했다.

"이 음료는 이것을 처음 만든 사람인 오이네우스의 이름을 따서 붙이도록 합시다."

여러분이 추측한 대로 '오이네우스'는 포도주라는 뜻의 단어이고, '스타필로스'는 포도를 뜻하는 그리스 이름으로 지금까지 쓰이고 있다.

디오니소스는 자신이 포도 덤불을 심었다는 것을 밝히고, 그들에게 포도 기르는 방법과 사람들에게 즐거움과 기쁨을 주는 포도주 만드는 법을 가르쳐 주겠다고 약속했다.

"친구여, 이제 걱정과 근심은 멀리 사라질 거요!"

디오니소스는 입술에 잔을 대고 한 모금 마시면서 소리쳤다.

다른 사람들도 디오니소스를 따라 했다.

궁전에서는 하룻밤 동안 모든 사람들이 노래를 부르고 춤을 추며 축제를 벌였다.

그때부터 사람들이 축하할 일이 있을 때, 포도주는 떼어 놓을 수 없는 친구가 되었다.

아티카의 포도주

포도주가 언제나 사람들에게 기쁨을 주고 기분을 좋게 한 것만은 아니었다.

아티카에서는 포도가 노래와 즐거움이 아니라 불행과 슬픔을 가지고 왔다.

디오니소스가 아티카를 지날 때, 펜텔리커스 산기슭에 있는 왕국을 다스리는 이카리오스 왕의 환영을 받았다. 오늘까지도 이 지역은 포도주 신의 이름을 따서 디오니소스라고 불린다.

이카리오스의 대접이 너무나 훌륭해서 디오니소스는 보답으로 포도밭을 가꾸는 방법과 포도주 만드는 법을 가르쳐 주었다.

디오니소스는 이카리오스에게 포도주를 깊숙한 곳에

숨겨 놓고, 손님에게는 적당한 양만 주라고 당부했다.
 그러나 이카리오스가 신의 뜻을 잘못 이해했는지 아니면 단순히 그의 충고를 무시했는지는 모르지만, 그는 모든 사람이 볼 수 있는 곳에 포도주를 두었다.
 그 결과 궁전에 재앙이 찾아왔다.
 어느 날, 이카리오스의 가축을 돌보는 목동들이 포도주를 담아 놓은 가죽 부대의 코르크를 빼고 포도주를 훔쳐 마시게 되었다.

목동들은 너무 많이 마신 나머지 자신들이 무엇을 하고 있는지도 알아채지 못했다.

술에 취한 목동들은 폭도로 변해 궁전으로 쳐들어와 끔찍한 일을 저질렀고 이카리오스도 죽였다.

그들은 왕의 시신을 끌고 나와 우물 속에 내던지고는 그 위에 돌을 떨어뜨렸다.

그런데 불행한 이카리오스 왕에게는 '에리고네'라는 아름다운 딸이 있었다.

에리고네가 키우는 강아지 마이라는 그녀를 아버지가 죽은 곳으로 인도했다.

이카리오스 왕이 빠진 우물 위에 늘어진 나무가 하나 있었다. 에리고네는 무참하게 죽은 아버지의 시신 앞에서 슬퍼하다가 그 나무에 목을 매었다.

에리고네를 무척이나 따르던 강아지 마이라는 그녀가 목을 맨 나무 밑에서 밤이고 낮이고 울부짖었다. 주인을 잃은 슬픔에 울부짖던 마이라는 끝내 죽고 말았다.

디오니소스와 그의 아버지 제우스는 이 불행한 셋을 불쌍히 여겼다.

그래서 그들이 하데스가 다스리는 컴컴한 지하 세계로 끌려가지 않게 하려고 그들을 하늘로 올려 별자리로 만들어 주었다.

그 뒤로 사람들은 포도주는 오로지 행복과 즐거움을 가져다주는 게 아니라 슬픔과 불행도 가져온다는 것을 기억했다.

이러한 이유로 이 이야기의 마지막에서 볼 수 있듯이, 아테네 사람들은 이카로스의 신화를 매우 진지하게 받아들이게 되었다.

그러나 기쁨을 가져다주는 신으로서 디오니소스에 대한 숭배는 널리 퍼지고 오랫동안 영향을 미쳤다.

그 덕분에 디오니소스는 모든 세상을 그의 힘 아래에 두는 첫 번째 정복자가 되었다.

늙은 실레노스와 디오니소스의 원정

젊은 신 디오니소스의 스승이었던 늙은 실레노스의 입을 통해 디오니소스가 승리한 전투에 대해 들어 보자.

디오니소스가 시끌벅적한 술잔치를 벌이는 동안, 실레

노스는 장미로 가득 찬 정원에 이르게 되었다.

포도주에 취한 실레노스는 잔디밭에 누워 깊은 잠에 빠졌다.

그래서 친구들은 실레노스가 없어진 것도 모르고 그를 두고 가 버렸다.

그곳은 프리기아의 미다스 왕의 정원이었다.

아침에 왕의 정원사가 실레노스를 발견했다. 정원사는 실레노스가 도둑일 거라고 생각하여, 그를 묶어 왕에게

데려갔다.

　미다스는 노인을 보자마자 그가 누구인지 알아차리고 당장 그를 풀어 주라고 명령했다.

　미다스는 실레노스를 식사에 초대하여 정원사가 저지른 무례함을 잊어 달라고 부탁했다.

　실레노스는 미다스와 먹고 마시면서 기분이 좋아지자, 디오니소스에게 일어난 신기한 모험에 대해 이야기하기 시작했다.

　그리고 세상에 포도주를 전하기 위해 오랜 전쟁을 한 디오니소스의 악단에 대해서도 이야기했다.

　"이집트에서 티탄들과 싸웠다는 것을 상상할 수 있겠습니까? 그때는 우리가 아프리카의 모든 지역을 돌고 난 뒤였소. 우리는 에티오피아까지 갔고 가는 곳마다 기쁨과 즐거운 마음을 퍼뜨렸소.

　리비아에서는 싸움을 좋아하는 아마존들과 만났지만, 그들은 우리를 좋게 받아들이고 우리 악단에 합세했소. 우리는 그들의 도움을 받아 암몬 신을 이집트에서 추방한 티탄들을 쳐부수었소. 그리하여 암몬은 다시 이집트 사람들의 신이 되었소. 이것이 우리가 거둔 첫 번째 큰 승리였고, 다른 곳에서도 승리는 계속되었소.

뒤에 우리는 리디아와 페르시아, 아라비아에도 갔소. 그다음에는 북쪽을 향해 발걸음을 옮겼고 옥서스와 이아사르테스강이 흘러드는 아시아의 깊은 바다에 떠 있는 땅 박트리아까지 이르게 되었소.

우리는 가는 곳마다 환영받았소. 우리는 사람들에게 포도주를 전해 주었고 그들은 우리와 함께 춤추고 즐거워했소. 그 뒤에 사람들은 포도를 심는 방법, 포도주를 만들 수 있는 방법을 가르쳐 달라고 우리에게 간절히 말했소.

하지만 다마스커스의 냉혹한 왕만이 우리에게 대항해서 싸웠소. 그러나 오만함과 불경스러운 마음은 좋은 무기가 되지 못하지요. 그래서 우리는 그의 무리를 무찔렀고 디오니소스가 왕을 죽였소. 그러고 나서 모든 사람들이 노래와 기쁨의 함성으로 우리를 받아들였소.

그러나 인디아로 떠나는 원정은 우리 모두에게 가장 힘들었다오. 우리는 포도와 담쟁이의 두꺼운 덩굴로 밧줄다리를 만들어 유프라테스강을 건넜소. 나중에 그곳에 사는 사람들은 도시를 세웠는데 '제우그마'라고 불렀소. 그것은 횡단 장소라는 뜻이지요.

오늘날 사람들은 우리가 유프라테스 강을 건널 때 사용했던 밧줄 조각을 여행객들에게 보여 준다오.

우리가 인디아로 가는 길에서 그다음으로 큰 티그리스 강에 이르렀을 때였소. 우리는 반대쪽으로 우리를 옮겨 줄 사자를 만났지요. 그 사자는 위대한 제우스가 보낸 것이었다오.

인디아에서 활약한 디오니소스

마침내 우리는 불친절한 땅 인디아에 이르렀소. 거기에는 이미 미개한 병사들이 정렬하여 우리를 기다리고 있었소. 처음에 그들은 우리의 이상한 군대를 보고 웃으며 손가락질했소. 하지만 우리가 담쟁이 막대와 무기로 그들을 때려 부수자, 그들은 우리의 힘을 인정하기 시작했소.

우리는 인디아에서 3년 동안 싸워야만 했소. 그들은 그토록 완고하게 우리에게 저항했다오. 결국 우리는 뱀들과

야생 수소를 데리고 가서 공격하게 되었소. 야생 수소가 너무 무섭게 큰 소리로 울어서 그들은 공포에 사로잡혀 부리나케 달아났소.

우리는 그들을 물리쳤지만, 그들은 우리에게 완전히 항복하지 않았소. 우리를 적으로 보고 지독하게 대했다오.

하지만 우리는 그들에게 끊임없는 친절을 베풀었다오. 그리고 조금씩 그들에게 포도 심는 방법, 땅을 가꾸는 방법, 열매가 많고 달콤한 포도를 따서 포도주 만드는 방법을 가르칠 수 있었소. 그들이 마침내 우리와의 다툼을 잊어버리게 된 것은 그들이 처음으로 포도주를 마셨을 때였소.

그런 다음 그들의 증오는 사랑으로 바뀌었고, 그들은 디오니소스에게 바치는 제단을 세웠소. 그리고 디오니소스의 이름으로 커다란 향연과 축제를 열었소.

우리는 인디아를 떠나 더 먼 동쪽으로 향했소. 우리는 거대한 소용돌이를 일으키는, 바다로 흘러가는 커다란 강에 이르렀소. 강둑에는 가지에 즙이 많은 붉은 열매가 달린 큰 나무가 서 있었소. 반대편 둑에도 이름 모를 반짝이는 과일들이 더욱더 풍성하게 달려 있었다오.

우리는 가장 가까운 나무에서 열매를 따려고 다가갔소. 그때 디오니소스가 갑자기 소리쳤소.

'손 대지 마시오! 그것을 먹는 사람은 무서운 고통에 사로잡혀 울부짖으며 죽을 것이오!'

우리는 그 말에 모두 뒤로 물러났지만, 반대편 둑에서 햇빛을 받아 빛나는 과일을 보자마자 다시 입에 침이 돌기 시작했다오.

그런 우리의 모습을 보고 디오니소스는 덧붙였소.

'그것들도 먹으면 안 되오. 그 열매를 따 먹는 사람은 점점 젊어질 것이오. 제발 그 과일들이 내미는 유혹의 손길을 물리치시오. 그대들이 생각하는 것처럼 좋은 열매가 아니라오. 그 열매를 먹으면 처음에는 젊은이가 되겠지만, 조금 뒤에는 어린아이가 되었다가 아기가 되어 버린다오. 그리고 결국은 모두 사라질 것이오. 그것은 사람이나 신이나 마찬가지일 것이오.

이 모든 이정표는 우리가 세상의 끝에 이르렀고, 우리가 더 멀리 갈 곳이 없다는 것을 말해 주고 있소.'

그래서 우리는 우리가 왔던 길을 돌아가려고 했소.

아틀라스 방문

한번은 우리가 서쪽을 향해 갈 때였소. 우리는 이탈리아와 갈라티아 그리고 이베리아에서 사람들에게 포도를 재배하는 방법을 가르쳐 주었소.

우리는 헤스페리스들의 땅까지 가서 아틀라스에게 포도주를 권하기도 했소. 아틀라스는 어깨에 하늘의 둥근 지붕을 지고 있는 힘이 센 티탄이오.

그러고 나서 바다를 건너 세상의 다른 땅덩어리와 완전히 떨어진 미지의 대륙에 이르렀소. 그곳은 유럽, 아프리카, 아시아, 그 어디에도 속해 있지 않았소.

우리는 곧 그 땅에 눈길이 멈추었소. 우리는 그곳의 아름다운 자연에 넋을 잃었고, 더 나아가 그 땅에 사는 사람들을 보고 감탄했소.

그들은 신들처럼 아름다웠고 거인처럼 컸다오. 그들은 우아한 도시에 살았으며, 우리는 여행을 하면서 그런 도시를 어디서도 본 적이 없었소.

더 굉장한 것은 그들이 살아가는 방식이었소. 친절과 올바른 행동을 토대로 만들어진 법 아래에서 그들은 행복하게 살았다오.

여러 사람들이 함께 살아가는 공동생활에는 항상 문제가 있게 마련이지만, 그들은 서로를 존중하고 형제처럼 생각하며 평화로운 생활을 하고 있었소.

알려지지 않은 대륙

그들은 일하는 것을 즐기고, 아이들에게는 선과 아름다움의 의미를 가르치고 있었소. 거기다 예술과 과학의 발달에 힘쓰고 음악, 춤, 그림, 조각과 시를 즐겼소. 그들이 누리고 있는 것은 우리가 여기서는 꿈꿀 수조차 없는 발달된 문명이었던 것이오.

우리는 그들에게 왜 다른 땅을 방문하지 않느냐고 물었더니 그들은 우리에게 이렇게 대답했소.

'우리는 단 한 번 항해를 했어요. 당신들이 있는 곳에서 가장 아름답고 문명화된 나라가 히페르보레오스들이 사는 땅이라고 들었어요. 그래서 우리는 그곳을 방문하기로 결정했지요.

우리는 천만 명 이상 탈 수 있는 커다란 배를 만들어 출발했어요. 그곳에 도착한 뒤 우리가 가진 것과 그들이 가진 것을 비교해 보고, 또 그들이 살아가는 방식과 우리가 살아가는 방식을 비교해 보았어요.

그렇게 돌아본 결과 우리는 너무 실망해서 다시는 다른 지역으로 항해하지 않겠다고 맹세했어요. 당신들의 재능은 아주 형편없었고, 당신들의 생활 방식은 매우 사악했어요.'

그들의 이야기를 듣고 우리는 처음으로 부끄러움을 느꼈소. 그리고 우리의 생활에 대해 다시 한번 진지하게 생각해 보게 되었소.

우리는 그곳에 포도주를 하나도 전하지 않은 채 떠났소. 왜냐하면 그들은 우리가 만난 사람들 가운데 유일하게 포도주가 필요 없는 사람들이라는 것을 깨달았기 때문이었소."

이제까지 소개된 이야기를 비롯하여 다른 많은 이야기들이 실레노스의 입을 통해 끝없이 쏟아져 나왔다.

미다스는 실레노스가 들려주는 이야기에 매혹되었다.

그래서 실레노스에게 자신 곁에 더 머물러 많은 이야기를 해 주기를 간청했다.

실레노스는 성격이 좋은 터라 그곳에 아흐레 동안 머무르면서 미다스에게 많은 이야기를 해 주었다.

마침내 열흘째 되던 날 실레노스는 떠날 것을 결심했다.

실레노스는 미다스에게 감사의 인사를 했다. 미다스는 실레노스를 디오니소스에게 데려다주었다.

미다스의 고통

디오니소스는 나이 든 스승과 오랫동안 떨어져 있다가 다시 만나게 되어 너무나 기뻤다.

그는 기쁜 마음을 전하기 위해 미다스 왕에게 말했다.

"당신이 원하는 것은 무엇이든지 말하시오. 당신은 그것을 곧 얻게 될 것이오."

미다스는 진지하게 생각하지 않고 대답했다.

"위대한 디오니소스여, 내가 만지는 것마다 모두 금이 되게 해 주세요."

"나는 당신을 현명한 사람으로 생각했는데……. 그러나 당신이 원하는 대로 될 것이오!"

디오니소스는 슬프게 대답하고는 미다스에게 작별 인사를 한 뒤 실레노스를 데리고 길을 떠났다.

디오니소스가 떠나자마자 미다스는 무화과나무의 가

지를 부러뜨렸다. 가지는 곧 금으로 변했다.

　미다스가 땅에서 돌을 줍자, 그의 손에는 밝은 빛을 내뿜는 황금 덩어리가 놓여 있었다.

　미다스가 나무에서 사과를 따자마자 곧 헤스페리스들의 황금 사과처럼 빛났다.

　미다스가 손을 씻으면 그의 손가락에서 금방울이 번쩍이며 흘러나왔다.

　미다스가 궁전에 도착했을 때, 그는 행복의 바다에 떠 있는 것 같았다.

　그는 곧 문과 의자 그리고 탁자를 만지기 시작했다. 그것들은 곧 금이 되었다.

　하지만 미다스가 의자에 앉아서 손으로 빵을 집어 들었을 때, 그는 자신이 만지는 것마다 금으로 변하게 해 달라는 소원을 말하자 디오니소스가 슬퍼한 이유를 깨닫게 되었다.

　미다스가 먹으려고 잡는 것마다 모두 금으로 변했다. 포도주까지도 그의 입에서는 딱딱한 덩어리로 달라붙었다.

그제야 미다스는 자신이 저지른 끔찍한 실수를 깨닫고 절망적으로 소리쳤다.

"위대한 디오니소스여, 자비를 베푸소서! 저를 불쌍히 여기시고 저의 탐욕을 용서하소서. 그리고 당신의 선물을 제발 도로 가져가소서."

곧 디오니소스가 미다스 앞에 나타나 말했다.

"팍트로스강이 시작되는 곳으로 올라가서 몸을 씻으시오. 당신이 내게 원했던 선물과 당신 스스로 자초한 부끄러움을 씻을 수 있을 것이오."

미다스는 팍트로스강으로 재빨리 달려가서 맑은 물에 몸을 깨끗이 씻었다.

그가 신의 선물을 몸에서 씻어 냈을 때, 강물은 금으로 빛났다.

팍트로스강에 금이 생길 때부터 오늘날까지 그리스 사람들은 그 강의 이름을 인간에게 끝없는 부를 가져다주는 것을 뜻하는 말로 사용한다.

에트루리아 해적들

디오니소스는 무서운 힘을 가진 신이다. 이것을 깨닫지 못하는 자는 혼이 나게 된다.

이 사건은 디오니소스를 인간으로 보았던 어리석은 에트루리아 해적들에게 일어났던 일이다.

앞에서도 보았듯이, 디오니소스는 항상 시끌벅적하게 그를 따르는 친구들 사이에 있었다.

그러나 어느 날인가 디오니소스는 홀로 해변을 걷고 싶었다. 그는 조금 멀리 걸어 나간 뒤, 숨을 가다듬기 위해 바위에 앉았다. 그리고 조용한 바다 위를 항해하는 배 한 척을 바라보고 있었다.

그러나 배 위에는 지중해를 항해하는 선원들을 공포에 떨게 하는 에트루리아에서 온 무서운 해적들이 타고 있었다.

조금 뒤에 해적들은 해변에 앉아 있는 디오니소스를 보게 되었다. 선장은 키잡이에게 그쪽으로 배를 몰고 가라고 말했다.

해적들은 이 멋지고 건장한 젊은이가 신일 거라고는 꿈

에도 생각하지 못했다.

그들은 젊은이를 잡아 노예로 팔아야겠다고 생각했다.

디오니소스가 해적들의 포로가 되다

그리하여 해적들은 배가 해변에 닿자마자 배에서 뛰어내려 디오니소스에게 달려들었다.

그리고 그를 갑판으로 끌고 가 바로 돛대에 묶었다.

그러나 디오니소스는 마치 은밀히 비웃는 것처럼 입술에 수수께끼 같은 미소를 띠며 그들을 조용히 바라볼 뿐이었다.

해적들은 디오니소스의 멋지고 강한 모습에 두려움을 느꼈다.

그들 가운데서도 신과 같은 디오니소스의 모습에 압도된 키잡이가 소리쳤다.

"저 젊은이를 돌려보냅시다. 그는 보통 사람이 아니라 영원히 죽지 않는 신 같아요. 그는 불벼락을 휘두르는 강력한 제우스이거나, 목표물을 절대 빗나가지 않는 치명적인 화살을 가진 아폴론이거나, 아니면 자신의 힘을 비웃는 선장이 모는 배를 가라앉히려고 바다를 흔드는 포세이돈일 수도 있으니 잘 보살펴야 해요."

하지만 선장은 그의 말을 끊으며 소리쳤다.

"네가 이처럼 강하고 멋진 젊은이를 풀어 주려고 한다면 넌 정신이 나간 게 틀림없어. 왜냐고? 그를 봐! 우리는 키프로스나 이집트에서 한몫 단단히 받고 그를 팔 수 있어.

누가 알겠어, 어쩌면 저 자는 대단한 귀족 집안 출신일 수도 있어. 그러면 우리가 정한 것보다 더 많은 금을 몸값으로 받을 수 있어."

이 말과 함께 선장은 선원들에게 넓은 바다로 항해하라고 지시했다. 해적들은 부자가 될 거라는 말에 기뻐했다.

그러나 얼마 가지 않아 그들은 디오니소스가 자신을 묶고 있는 끈을 끊어 버린 것을 보고 놀랐다.

선장이 고함쳤다.

"네가 이 매듭을 푼 거냐? 이제 이자가 얼마나 강한지 다들 보았겠지? 내가 이자를 팔면 한몫 챙길 수 있을 거라고 말한 이유가 바로 이거야. 이제 이자를 다시 한번 단단히 묶어라. 이번에는 조금도 움직이지 못하도록 해라!"

해적들은 디오니소스를 열 번이나 꽁꽁 묶었다.

하지만 얼마 지나지 않아 디오니소스가 근육을 조금 움직이기만 하면 밧줄들이 다시 툭 하고 끊어지는 것을 보았다.

키잡이가 알아차리다

그러자 키잡이가 뛰어와 디오니소스를 될 수 있는 한 빨리 해변으로 다시 돌려보내자고 말했다.

그러나 선장은 버럭 화를 내며 소리쳤다.

"안 될 말이야! 이건 우리가 놓치면 안 될 좋은 기회야! 얼마나 운 좋은 바람이 불고 있는지 보이지 않니? 넌 비겁

자야! 신들이 우리에게 재산을 만들라고 그를 보낸 것을 모르겠니? 그런데 너는 그를 보내자고? 자, 이번에는 닻의 체인으로 그를 묶어 보아라. 그렇게 해도 그가 벗어날 수 있는지 보자고."

 선장이 고함치자 다른 해적들도 키잡이를 신경질적으로 쳐다보았다.

하지만 얼마 지나지 않아 그 체인들까지도 부서져 갑판 위로 떨어졌다.

디오니소스가 사자로 변하다

해적들은 입을 벌리고 쳐다보았다.

그러고 나서 2초도 되기 전에 더 큰 기적이 일어났다.

배 위에 포도나무가 싹터서 돛대를 휘감고 올라갔다. 그리고 잘 익은 포도송이가 달렸고 곧 달콤한 포도주가 갑판을 따라 흐르기 시작했다.

배의 모든 장비는 담쟁이로 덮여 녹색을 띠게 되었다. 꽃다발들이 배 전체를 장식했고 꽃향기로 가득 찼다.

공포에 휩싸인 해적들은 키잡이에게 몰려갔다.

"해변을 향해 전속력으로!"

그들은 한목소리로 외쳤지만 때는 너무 늦었다.

갑자기 조용한 젊은 포로가 무서운 사자로 변해 해적들이 두려움에 얼어붙도록 으르렁거렸다.

그러고 나서 선장에게 덤벼들어 그를 단숨에 죽여 버렸다.

 해적들은 무서운 사자에게 목숨을 잃지 않기 위해 바다로 뛰어들었으나, 디오니소스는 그들을 모두 돌고래로 바꿔 버렸다.

나는 제우스의 아들, 디오니소스

키잡이 혼자만이 갑판에서 두려움에 떨면서 사자를 바라보고 있었다.

그러나 사자로 변한 디오니소스는 그에게 해를 끼치지 않았을 뿐 아니라, 조금 뒤에 멋진 젊은이로 다시 돌아왔다.

디오니소스는 키잡이에게 다가가 미소를 지으며 말했다.

"두려워하지 마라. 나는 네가 마음에 드는구나. 나는 제우스의 아들인 디오니소스다. 기쁨과 기운을 북돋는 음식의 신이지."

우리가 앞에서 보았듯이 위대한 디오니소스 신을 기념하기 위해 모든 곳에서 큰 향연들이 열렸다.

이러한 향연은 '디오니시아'라 불렸으며, 보통 춤추고 마시는 축제였다.

이런 축제 가운데 하나는 밤에 산에서 횃불을 켜 놓고 축제를 벌였으며 부인들만 참여했다.

이 가운데 가장 큰 두 축제는 파르나소스산과 시테에론

산에서 열렸다.

그러나 모든 디오니시아 가운데서 가장 크고 즐거운 축제는 아테네에서 열린 것이다.

이러한 아테네 사람들의 축제에서 코미디 같은 예술이 탄생했다. 다른 한편에서는 디오니시아 축제에 뿌리를 둔 고대 비극이 생겨났다.

　이 고대 비극은 젊은이들이 염소의 발을 가진 반인반수들로 가장한 뒤 디오니소스에 대한 찬가를 합창하는 것으로 시작되었다.

　이렇게 변장한 젊은이들은 그리스 말로 염소인 '트래지'로 불렸다.

　연극배우들은 디오니소스의 삶 가운데서 비극적인 결말로 끝나는, 극적인 이야기로 된 신화적인 장면을 재현했다.

　특히 아테네 축제 중에서 처음 상연되었으며 가장 사랑받는 신화는 이카로스에 대한 것이다.

　연극 상연 중에 염소로 변장한 젊은이들이 나타나 디오니소스에 대한 송시를 읊거나 찬가를 불렀다.

　그리하여 '트래지(염소)'와 '오디(송시)'라는 두 그리스 단어에서 '비극'이라는 말이 생겨났다.

　그 뒤로 이 비극이란 단어는 주인공이 이카로스와 에리고네처럼 매우 지독하고 부당한 운명을 겪는 인물이 나오는 연극에 쓰여 왔다.

이것이 그리스에서 수준 높은 드라마나 시적인 표현을 성취한 예술 형태인 비극의 기원이다.

또한 돌과 대리석으로 지은 최초의 극장은 디오니소스 극장이었다.

디오니소스 극장은 아크로폴리스 아래에 있으며, 오늘날까지도 볼 수 있다.

판

괴기스럽게 생긴 판

이제 모든 신 가운데 가장 불쌍하고, 가장 못생기고, 남들에게 가장 무시를 당하는, 심지어 자신의 어머니에게까지 인정받지 못한 신에 대해서 이야기할 시간이 왔다.

바로 염소의 발을 가진 목동의 신, 판이다.

판은 헤르메스와 요정 드리오페 사이에서 태어난 아들이었다.

판은 믿을 수 없을 정도로 못생기게 태어났다. 드리오페는 털이 난 뾰족한 귀와 염소의 뿔과 발굽을 가진 아들을 본 순간, 공포에 질려 비명을 지르며 도망가 버렸다.

그러나 헤르메스는 자신의 아이를 불쌍히 여겼다.

그래서 그는 판이 디오니소스의 즐거운 악단에서는 사랑받을 수 있을 거라 생각하고 악단에 넣어 주었다.

동료들은 판을 보자마자, 그의 이상한 모습과 우스운 행동에 웃음을 터뜨렸다. 그들은 판을 반가워했고 두 팔 벌려 환영했다.

판은 신들의 산이며 자신이 태어난 아르카디아를 무척이나 좋아했다.

그리고 목동과 사냥꾼의 보호자인 그는 춤과 노래를 즐겼고, 무엇보다도 파이프 연주하는 것을 좋아

했다.

여러분은 이제 그가 어떻게 파이프를 우연히 만들게 되었는지 알게 될 것이다.

불행히도 판은 자신의 마음과는 무관하게 혐오스러운 외모 때문에 사람들에게 공포를 안겨 주었다.

그래서 사람들은 그러한 공포를 판의 이름에서 따 와 '패닉'이라고 부른다.

하지만 판은 나쁜 짓을 하고 싶지 않았다. 그는 전쟁이 일어나면 적에게 공포를 일으키면서 정당한 이유로 싸우는 사람들을 도왔다.

그리고 판은 숲의 아름다운 요정, 시린크스를 놀라게 하고 싶지 않았다. 그는 시린크스를 보자마자 사랑에 빠졌다.

하지만 시린크스는 이상하게 생긴 판을 보자 공포에 질려 달아나 버렸다. 판은 곧 그녀를 따라가기 시작했으며, 매우 이상하고 종잡을 수 없는 결말이 났다.

판이 빨리 달리면 달릴수록 시린크스는 더 빨리 달려서 잡을 수 없었다.

그러나 불행하게도 물이 불은 라돈강이 시린크스 앞을 막았다. 거기에다 판이 무서운 속도로 가까이 다가오고 있는 것을 보았다. 시린크스는 강의 신에게 살려 달라고 간절히 빌었다.

  판이 그녀의 팔을 잡자마자, 라돈은 그녀를 갈대로 만들었다. 판은 눈앞에서 사라진 사랑스러운 여인을 그리워하며 자신의 손에 놓인 갈대를 내려다보았다.

  판은 갈대를 버리고 싶지 않았다. 그는 텅 빈 줄기를 통해 바람이 속삭이는 소리를 듣다가 좋은 생각이 떠올랐다.

  판은 갈대를 하나씩 크기 순서대로 잘라 여러 조각을 만들었다. 그러고는 긴 것부터 한 줄로 이어서 붙였다.

  그리하여 판은 새로운 악기를 만들었다.

  오늘날 우리가 '시린크스' 또는 '판 파이프'라고 부르는 악기가 바로 이렇게 해서 생겨난 것이다.

  판은 시린크스를 입술에 댈 때마다 그 악기에서 나오는 가락에 매혹되었다. 그래서 항상 시린크스를 가지고 다녔다.

미다스가 다시 벌을 받다

판은 위대한 음악가였다. 단지 아폴론만이 그를 앞선다고 사람들은 말했다. 하지만 판은 이것을 받아들이지 않고 금발의 신 아폴론에게 도전하기로 마음먹었다.

경연은 미다스가 다스리는 프리기아의 트몰로스산기슭에서 치러졌다. 판과 아폴론은 모두 산의 신 트몰로스가 심판관이 되어야 한다는 데 동의했다.

그러나 그들은 미다스도 초대하여 음악을 듣도록 했다. 판이 먼저 연주를 시작했다. 파이프에서 나오는 달콤한 곡조는 산허리를 가로질러 떠다녔다.

목동들은 마음을 움직이게 하는 가락을 마술에 걸린 듯 들었다. 새들까지 판의 파이프 소리를 듣기 위해 지저귀는 소리를 멈추었다. 그 정도로 판의 연주는 매혹적이었다.

다음은 아폴론이 자신의 리라를 잡았다. 그의 손가락이 리라의 현에 닿자 가장 멋진 음악이 흘러나왔으며 장엄한 소리가 산허리와 높은 계곡을 가득 채웠다.

모든 자연은 넋을 빼앗긴 채 침묵 속에서 그의 연주를

들고 있었다. 아폴론의 리라에서 흘러나오는 곡조는 너무나도 매혹적이어서 나무까지 숨을 죽이고 잎사귀 하나도 흔들리지 않았다.

연주가 끝났을 때 트몰로스는 조금도 머뭇거리지 않고 아폴론을 승자로 선언했다.

그러자 심판관도 아닌 미다스 왕이 소리쳤다.

"아냐! 판이 승리자야!"

분노로 얼굴이 붉어진 아폴론은 미다스에게 다가가서 그의 귀를 잡고 속삭였다.

"누가 당신더러 심판관이 되어 달라고 청했소? 이 귀가 음악이 무엇인지 알기나 한단 말이오?"

아폴론은 말하면서도 미다스의 귀를 잡아당겼다. 그 바람에 미다스의 귀는 점점 길어져서 결국 당나귀 귀가 되었다.

당나귀는 지상에서 가장 음악적 소양이 없는 동물이다.

경연에서 진 판은 불행한 미다스 왕을 동정하는 표정으로 바라보다가 돌아섰다.

판은 주문에 걸린 산의 요정들과 샘의 신인 네레이스

에게 자신의 달콤한 연주를 들려줄 수 있는 숲으로 사라졌다.

뮤즈들과 카리테스

옛날 옛적에

"아테네는 한때 사람보다 조각상이 더 많은 도시였다."

이 말은 고대와 현대를 수없이 넘나들며 고대 사람들의 이야기를 전해 주었던 작가가 한 말이다.

작가는 그 옛날 그리스 사람들이 얼마나 음악과 시, 춤, 연극, 그림 등의 예술을 사랑했는지를 나타내기 위해 이렇게 표현한 것이었다.

아주 오래전 세계의 한 모퉁이에는 그리스라는 나라가 있었다. 그리고 그곳에는 올림포스의 신들이 자신들을 보호해 준다고 믿으며 살던 사람들이 있었다.

아니, 그들은 영원히 죽지 않는 불멸의 예술가들이 자신들을 이끌어 준다고 믿고 있었다.

바로 그 때문에 아테네는 사람들에게 처음으로 아름다움과 조화로움을 가르쳤다는 아테나 여신을 도시의 수호신으로 삼지 않았던가?

그리고 그리스에서 가장 신성한 두 도시인 델로스와 델포이가 위대한 음악의 신, 아폴론에게 바쳐진 것은 단지 우연이었을까?

그 밖에도 지칠 줄 모르는 장인 헤파이스토스와 음악가이며 가수인 동시에 무용수이기도 했으며 고대 희극과 디오니소스 교의 아버지인 디오니소스를 생각해 보라!

또 갈대로 만든 피리로 언덕이며 숲속 빈터에 부드러운 선율을 메아리치게 했던 판도 빼놓을 수 없을 것이다.

헤르메스만 해도 태어나자마자 맨 처음 한 일은 최고의 리라를 만드는 것이었고, 헤르메스가 리라를 연주했을 때 아폴론은 그 소리에 넋을 잃었다.

이 밖에도 셀 수 없이 많은 숲의 요정들과, 춤과 노래로 온 시냇물과 그리스의 바닷가에 달콤한 선율을 울려 퍼지게 했던 네레이스들이 있었다.

그렇지만 이들만으로도 그리스 사람들이 얼마나 예술을 사랑했는지 이해할 수 없다는 사람이 있다면, 그들에게는 전능한 제우스의 딸인 아홉 명의 뮤즈와 세 명의 카리스를 소개해야 할 것이다.

아름다운 것만 사랑하라

뮤즈들은 세상에 음악과 시와 춤과 연극을 선물했다. 그리고 기쁨과 웃음과 예민한 감수성도 함께 땅 위로 가져왔다.

뮤즈들의 가슴에는 기쁨과 명랑한 마음이 가득 차 슬픔이 깃들 자리가 없었다.

"아름다운 것을 사랑하고 추한 것은 거들떠보지도 말라."

뮤즈들은 이렇게 충고하면서 사람들이 훌륭한 예술 작품을 창조할 수 있도록 영감을 불어넣어 주었다.

헬리콘산 사람들은 제우스의 사랑스러운 딸 뮤즈들이

숲이 우거진 산비탈에 자주 내려온다고 믿었다.

그리고 양치기들은 시냇물이 조잘거리며 흐르는 소리와 새들이 지저귀는 소리에 섞여 들려오는 뮤즈들의 아름다운 노랫소리를 듣곤 했다.

그렇지만 아홉 명의 뮤즈는 위대한 음악의 신이며 그들의 지배자이기도 했던 아폴론과 함께 델포이에 머무는 때가 더 많았다.

황금빛 머리카락을 지닌 음악의 신 아폴론이 리라를 들어 올려 손가락으로 스치듯 리라의 줄을 문지르기만 하면 금방 뮤즈들이 부르는 노래가 흘러나왔다.

그러면 숲의 요정들은 춤을 추려고 카스탈리샘에 있는 짙푸르게 우거진 나무 아래로 모여들었다.

샘 위에 솟아 있는 파이드리아 바위는 파르나소스산의 모든 비탈에 신성한 노래가 울려 퍼질 때까지, 아름다운 노래 선율을 머금었다가는 더 멀리까지 튕겨 내곤 했다.

또 뮤즈들은 종종 아버지를 기쁘게 해 주려고, 제우스의 곁에 머무르면서 그가 잠들 때까지 노래를 불러 주기도 했다.

올림포스산에서 신들의 잔치가 열릴 때면, 뮤즈들은 달콤하고 사랑스러운 목소리로 신들의 과거와 현재 그리고 아직 일어나지 않은 미래의 일까지 모두 노래했다.

그들은 끝없이 펼쳐진 푸른 하늘 우라노스와 신들의 어머니 가이아에게서 태어난 신들의 당당한 혈통을 노래했고, 큰 공을 세운 신들을 칭찬하기도 했다.

마지막에 뮤즈들은 신과 인간의 지배자인 제우스를 찬미하는 성가를 불렀다. 그러면 제우스의 얼굴에는 기쁨의 미소가 한가득 번져 나오곤 했다.

뮤즈들이 이렇게 신들을 위해 노래했다고 해서 사람들을 잊은 것은 결코 아니었다.

그들은 뛰어난 솜씨나 지혜 그리고 영웅적인 행동으로

인간의 명예를 드높인 사람들을 칭찬하는 노래를 불렀다.

뮤즈들이 세상에 나오면서, 사람들은 힘들고 어려운 일을 이겨 내기가 한결 쉬워졌다.

뮤즈들이 태어날 때 음악도 함께 세상에 왔는데, 어떤 사람들은 마치 마술에 걸린 것처럼 음악에 흠뻑 빠져들었다.

그래서 그들은 먹지도 자지도 못하고 밤이나 낮이나 노래만 하다가 결국 죽고 말았다고 한다.

하지만 그들은 아무런 고통도 느끼지 않고 죽었으며, 하데스가 다스리는 어두운 지하 왕국으로 떨어지지도 않았다.

대신 그들은 귀뚜라미가 되었다.

그때부터 이 작은 곤충은 배고픔과 목마름으로 고통받지 않았고, 오직 노래를 위해 살았고, 죽을 때까지 노래하게 되었다.

귀뚜라미는 마음속 깊이 뮤즈들을 사랑했다.

귀뚜라미들이 노래하는 것처럼 보이지만, 사실은 아홉 명의 뮤즈와 깊은 대화를 나누는 때가 많았다.

그들은 시와 노래 그리고 다른 무엇보다 뮤즈들을 사랑하는 사람들에 대한 이야기를 나누곤 했다.

아홉 명의 뮤즈

아홉 명의 자매는 각각 자신이 가장 사랑하는 예술을 하나씩 맡았고, 자신에게 속하는 예술가들을 도와주었다.

어떤 뮤즈는 신이나 영웅들의 모험과 민족의 역사를 노래하는 서사시를 맡았다. 또 어떤 뮤즈는 신을 찬양하는 성가를, 또 다른 뮤즈는 춤과 음악을 담당했다.

그 가운데서 으뜸으로 치는 뮤즈는 칼리오페였는데, 그

녀는 서사시와 영웅시를 맡았다.

호메로스가 지은 <일리아드>의 첫 구절 '노래하라, 여신이여. 아킬레우스의 분노를.'에서 가리키는 여신은 바로 칼리오페이다.

어쨌든 예술가들은 칼리오페를 열렬히 좋아했고, 손에 펜을 들고 있는 그녀의 모습을 즐겨 그렸다.

그다음 뮤즈는 에라토인데, 그녀는 사랑의 시를 노래하는 서정시를 맡았고 리라를 연주했다.

다음은 신성한 성가를 부르는 뮤즈인 폴림니아로, 언제나 생각에 잠긴 얼굴을 하고 있었다.

에우테르페는 음악의 뮤즈였고, 손에는 항상 쌍피리를 들고 있었다.

또 연극에 몰두해 있는 두 뮤즈도 있었다.

희극의 뮤즈 탈레이아는 웃고 있는 가면을, 비극의 뮤즈인 멜포메네는 슬픔에 잠긴 가면을 들고 있다.

탈레이아와 멜포메네는 디오니소스를 무척 따랐다.

그리고 에라토처럼 리라를 들고 있는 테르프시코레는 춤의 뮤즈였다.

남은 두 여신은 주로 과학에 대한 일을 하는 뮤즈였다.

그 가운데서도 클리오는 영웅들의 행동을 노래하는 역사의 뮤즈였는데, 손에는 언제나 원고를 들고 있었다.

끝으로 천문의 여신 우라니아는 별들의 영광을 노래했다. 그녀는 항상 자신의 상징물인 지구를 들고 있었다.

아홉 명의 뮤즈는 모두 상냥하고 부지런했으며, 늘 사람들이 아름답게 살 수 있도록 애를 많이 썼다.

세 명의 카리테스

뮤즈만이 사람들의 삶을 아름답게 만드는 일을 하는 것

은 아니었다.

 뮤즈들 곁에서 그들을 도와 아름다움에 우아함을 더하는 세 명의 여신이 있었다. 그들의 이름은 '카리테스'였다.

 신들의 잔치가 벌어지고 아폴론이 연주하는 리라 소리가 올림포스의 궁궐을 가득 채우면, 아폴론의 곁에 서 있던 카리테스는 아홉 명의 뮤즈와 함께 자리에서 벌떡 일어나 춤추고 노래하기 시작했다.

 하지만 신들의 잔치가 끝나고 나면 카리테스는 서둘러 사람들 곁으로 돌아오곤 했다.

 사람들이 살고 있는 땅 위의 세상에서 카리테스가 하는 일은 어렵고 힘들었지만 고귀했다.

 카리테스는 걱정 따위는 멀리 던져 버렸고, 사람들의 삶을 향기롭게 만들었다.

 그들은 사랑이나 결혼, 또 너무나 유쾌한 축제처럼 즐거운 사건들만 만들어 냈다.

 그래서 고대에 불렀던 성가에는 카리테스를 찬미하는 노래가 많았다.

 "카리테스여, 그대들은 모든 것을 향기롭고 아름답게

만듭니다. 덕분에 시는 사람의 마음을 감동시키고, 사람들은 아름답고 현명해집니다."

사람들은 카리테스의 이름에 사랑과 존경을 가득 담아서 불렀다. 그들의 이름은 각각 아름다운 아글레이아, 시를 사랑하고 지키는 에우프로시네 그리고 음악을 숭배하는 탈레이아였다.

그들은 어린아이처럼 소박하고 솔직했으며, 새벽녘 백합처럼 순수하고, 피어나는 봄처럼 사랑스러운 자매였다.

카리테스는 신들이 가장 좋아하는 신이었으며, 수많은 시인과 가수들의 사랑을 한 몸에 받았다.

또 많은 화가와 조각가들이 작품의 주제로 즐겨 삼은 대상이기도 했다.

오르페우스와 에우리디케

세상에서 가장 유명한 사람

뮤즈와 카리테스가 사람들의 삶을 즐겁게 만들던 그 시절에는 위대한 가수이자 시인, 리라 연주가였던 '오르페우스'라는 사람이 있었다.

누군가 세상에서 가장 유명한 사람이 누구냐고 묻는다면 당시 사람들은 어떤 강력한 나라의 왕도, 위대한 장군도, 힘센 영웅도 아닌 특별한 사람의 이름을 말했을 것이다.

그들은 전혀 망설이지 않고 "오르페우스가 가장 유명하

고 가장 사랑받는 사람이지요."라고 대답했을 것이다.

오르페우스에게는 마술처럼 신비한 힘을 가진 그의 노래에 얽힌, 정말 믿기 어려운 전설이 항상 따라다닌다.

만약 그 당시에 어떤 사람이 오르페우스의 노래를 들은 적이 있다고 말한다면, 과연 어떤 일이 일어났을까?

아마 순식간에 사람들이 몰려들어 부러움과 존경 어린

눈빛으로 그를 바라볼 것이다. 그리고 세상에 다시없을 위대한 가수와 황홀한 목소리에 대한 이야기를 듣고 싶어 야단일 것이다.

"오르페우스가 노래하기 시작하면 새들은 지저귐을 멈추고, 사나운 짐승들도 둘러앉아 노랫소리를 듣는다는 게 사실입니까? 그의 노래는 단단한 바위들을 움직이게 하고, 나무들조차 뿌리를 뽑고 땅에서 나와 그를 향해 다가가게 한다는 말이 진정 사실입니까?"

오르페우스에 대한 이런저런 소문만 들은 사람들이 이렇게 물어보면 직접 그의 노래를 들은 사람들은 한결같이 자신 있는 목소리로 이렇게 대답하곤 했다.

"여러분이 오르페우스의 노래를 직접 듣게 되면 그 모든 이야기, 아니 그보다 더한 말들도 모두 믿게 될 겁니다. 만약 여러분이 트라키아 왕국의 '조니'라는 마을에 가게 되면 오르페우스의 참나무를 보고 싶다고 하십시오.

그 나무들은 오르페우스가 부르는 노랫소리에 맞춰 춤을 추었다고 해서 이런 이름을 얻었답니다. 그 나무들은 오르페우스가 리라를 타면서 부르는 노래를 들으려고 그곳으로 왔다가 지금까지도 그 자리에 서 있지요. 성난 바다도 그의 노랫소리를 들으면 고요해졌고, 그 노랫소리가 얼마나 컸던지 제우스가 내리치는 천둥소리도 그의 노래를 덮어 버릴 수는 없었답니다."

이 위대한 가수의 신비한 힘에 대해서는 거짓말 같은 소문이 수없이 떠돌았다.

그리고 운 좋게도 오르페우스의 노래를 딱 한 번이라도 들어 본 사람들은 그 모든 말을 당장 믿어 버렸다.

오르페우스와 그의 노래

오르페우스는 트라키아에서 태어났다. 그의 어머니는 아홉 명의 뮤즈 가운데 하나인 칼리오페였고, 아버지는 트라키아의 왕 오이아그로스였다.

칼리오페는 그에게 시와 음악을 사랑하는 마음을 물려주었고, 아폴론은 리라를 선물했다. 그리고 그 밖의 뮤즈들은 노래와 리라를 가르쳐 주었다.

훌륭한 음악가로 자라난 오르페우스는 한 손에 리라를 들고 세상을 돌아다녔다.

오르페우스는 화려한 궁궐이든 누추한 오두막이든 가리지 않고 이 마을에서 저 마을로, 이 도시에서 저 도시로 떠돌아다니며 노래를 불렀다.

오르페우스는 생명의 근원인 사랑을 노래했고, 영웅들의 드높은 업적을 자세히 들려주기도 했다.

또 하나뿐인 목숨을 내던져 소중한 것을 지킨 사람들을

찬미하는 노래도 불렀다.

하지만 그의 연주와 노래를 들은 사람들이 넋을 잃은 채 음악에 빠져들었다고 해도 오르페우스 자신만큼 감동하고 즐거워한 사람은 없었다.

오르페우스는 많은 사람 앞에서 연주할 때면 언제나 최고의 소리를 내기 위해 자신과 싸움을 벌였다.

그리고 감정이 점점 고조되어 가면 오르페우스는 걷잡을 수 없는 격정에 몸부림치다가 기진맥진하곤 했다.

하지만 그는 항상 인간이 도달하기 어려운 경지에 이르렀다.

연주가 끝나면 오르페우스는 자신의 고귀한 노력에 대한 대가로 온몸이 짜릿해지는 기쁨에 파묻혔다.

그런데 오르페우스의 이런 기쁨은 어느 날부터 한층 더 놀라운 행복으로 바뀌었다.

왜냐하면 그가 에우리디케와 열렬한 사랑에 빠져서 결혼을 했기 때문이었다.

이렇게 오르페우스와 에우리디케는 세상에서 가장 잘 어울리고, 서로를 가장 사랑하는 한 쌍이 되었다.

아프로디테의 아들이며 날개 달린 사랑의 신 에로스는 위대하고 순수한 사랑으로 이 젊은 한 쌍을 아름답게 엮어 내는 데 성공했다.

사랑에 빠진 뒤 오르페우스의 예술은 한 층 더 높은 곳으로 날아올랐다.

이제 그는 "진실되고 서로 잘 어울리는 사랑만큼 아름다운 것은 없어라."라고 노래하게 되었다.

그리고 오르페우스의 감수성은 에우리디케 덕분에 피어날 대로 피어나서 누구나 한 번만 들으면 다시는 잊지 못할 아름다운 음악들을 마구 쏟아 냈다.

오르페우스와 에우리디케

다른 대부분의 연인들처럼 오르페우스와 에우리디케도 단둘이 있는 것을 좋아했다.

그래서 그들은 가끔씩 다른 사람의 눈에 띄지 않고 둘이서만 있고 싶어서 아득히 먼 곳까지 거닐곤 했다.

또 호젓한 언덕에 올라앉아 어깨를 나란히 하고, 발아래로 펼쳐진 아름다운 경치를 가만히 바라보기도 했다.

사랑하는 사람과 함께 있는 즐거움에 취한 에우리디케는 이처럼 달콤한 행복을 가져다준 위대하고 영원한 사랑에 대해 속삭이듯 노래했다.

그러면 오르페우스는 그녀 곁에서 리라를 부드럽게 연주하곤 했다.

어느 날, 젊은 부부는 템페 계곡을 거닐고 있었다.

그들은 자신들을 둘러싼 주위 경치가 너무나 아름다워서 숨이 막힐 지경이었다.

한쪽으로는 우뚝 솟은 올림포스산이, 다른 한쪽으로는 오사산이 멀리서 희미하게 보였다.

이 두 산 사이로는 페네이오스강이 평화롭게 흘렀고, 강둑 위로는 늙은 무화과나무들이 가지를 축 늘어뜨리고 있었다.

에우리디케는 아무도 보는 이 없는 곳에서 마음껏 춤추고 노래했다.

그동안 오르페우스는 짙은 그늘을 드리우고 있는 나무 둥치에 기대앉아서 마음 내키는 대로, 손 가는 대로 리라를 연주했다.

그러다가 그들은 잠깐씩 노래를 멈추고 나비를 쫓아다니거나 들꽃을 따기도 했다.
 그들의 머리 위로는 새들이 명랑하게 지저귀고, 작은 들짐승들은 그들 주위를 돌면서 장난치며 뛰놀고 있었다.
 동물들은 마치 이 아름다운 한 쌍과 함께 있는 게 얼마

나 기쁜지 보여 주려는 것 같았다.

오르페우스와 에우리디케도 바로 그곳에서 영원히 머물렀으면 하고 생각했다.

그들은 손을 뻗쳐 모든 자연을 껴안아 주고 싶었고, 신들도 이 젊은 연인들에게만은 아낌없이 행복을 나누어 주는 듯했다.

잔인한 운명

그러나 어찌하면 좋을까! 행복은 너무나 빨리 부서져 탄식 소리만 가득한 잿더미로 변해 버렸다.

사람의 삶과 죽음을 결정하는 운명의 세 여신 모이라이가 이 연인들의 낭만적인 이야기를 이쯤에서 끝내기로 작정했기 때문이었다.

운명의 실을 잣는 여신 클로토는 에우리디케의 생명의 실을 여기까지만 짰다.

실의 길이를 정하는 라케시스가 에우리디케에게 골라 준 운명은 가장 행복한 순간에 독사에게 물리는 것이었다.

그리고 언니들이 정한 일을 한 치도 어기지 않는 아트로포스는 보이지 않는 글씨로 에우리디케의 잔인한 운명을 태연히 써 내려갔다.

왜 이토록 불공평한 일이 일어나야 했을까?

신들은 가장 빛나는 행복이 산산이 부서지면 견딜 수 없는 슬픔이 된다는 것을 몰랐을까?

왜 벌이 아니라 상을 받아야 마땅할 이들에게 이토록 가혹한 운명이 찾아오도록 내버려 둔 걸까?

아마도 신들에게는 이런 것이 전혀 중요한 일이 아닐지도 모른다. 또 아무리 신이라고 해도 인간에게 일어나는 사소한 일을 시시콜콜하게 돌보고 있을 수만은 없었을 것이다.

에우리디케는 리라를 연주하며 노래를 부르는 오르페우스 주위에서 행복에 겨운 듯 춤을 추었다.

그러다가 그녀는 자신도 모르게 잠자고 있던 사나운 뱀을 밟고 말았다.

그러자 놀란 뱀이 튀어나와 독이 서린 이빨로 에우리디케의 발을 꽉 깨물었다. 에우리디케는 목이 찢어질 듯 비

명을 내질렀다.

오르페우스는 가슴이 서늘해지는 공포를 느끼면서 노래를 멈추었다. 그러고는 사랑하는 아내에게 황급히 달려갔다.

에우리디케의 죽음

그때 오르페우스를 맞이한 것은 자신의 눈을 의심하지 않을 수 없는 끔찍한 광경이었다.

이미 창백할 대로 창백해진 에우리디케의 얼굴에는 죽음의 그림자가 짙게 드리워져 있었다.
 에우리디케는 있는 힘을 다해 팔을 뻗어 오르페우스에게 매달리려고 했다.
 그러나 오르페우스가 에우리디케를 안아 올리기도 전에 뱀의 독은 이미 그녀의 혈관을 타고 온몸으로 퍼져 갔다.

결국 오르페우스가 그토록 사랑했던 아내 에우리디케는 고개를 떨구고 숨을 거두고 말았다.

꿈결 같던 두 사람의 행복은 이렇게 한순간에 산산조각이 나 버렸다.

에우리디케는 가슴이 찢어지는 듯한 고통을 참을 수 없어 울부짖는 오르페우스를 홀로 남겨 둔 채, 죽은 자들만이 사는 하데스가 다스리는 지하 왕국으로 떠나야 했다.

세상 그 무엇도 사랑하는 아내를 이토록 참혹하게 빼앗긴 오르페우스를 위로해 주지는 못했다.

세상에서 가장 아름다운 소리를 자랑하던 그의 리라도 위로가 되지 못했고, 오히려 더욱 깊은 슬픔에 빠져들게 했다.

이 위대한 가수는 리라를 손에 들 때마다 자신을 절망 속으로 몰아넣은 불행을 한꺼번에 쏟아 버리려는 듯했다.

오르페우스는 손가락으로 사납게 리라의 줄을 잡아뜯어서, 성난 폭풍 속에서 내리치는 벼락같은 거친 소리를 마구 쏟아 냈다.

대담한 결정

에우리디케를 잃은 지 아흐레가 지나도록 오르페우스의 비탄은 조금도 누그러질 줄을 몰랐다.

열 번째 날이 되자, 이제까지 땅 위에 사는 어떤 인간도 해 본 적이 없는 생각이 오르페우스의 마음속에서 뿌리를 내리기 시작했다.

오르페우스는 땅속 깊은 곳에 있다는 무시무시한 저승으로 내려가 사랑하는 아내를 되찾아오기로 마음먹었던 것이다.

그는 헤라클레스도 아니고 이런 모험에 어울리는 영웅도 아닌 그저 노래하는 가수일 뿐이었다.

하지만 너무나 사랑하는 에우리디케를 참혹하게 떠나보낸 탓에 제2의 헤라클레스라도 된 듯 가슴속에서는 어떤 불가능한 일이라도 해 보겠다는 배짱이 불끈 솟아올랐던 것이다.

그는 저승으로 내려가 땅속 세계의 지배자인 하데스에게 간절히 부탁하여 부당하게 빼앗긴 아내를 되찾겠다고 굳게 결심했다.

 오르페우스는 리라 하나만을 달랑 품에 안았다. 그러고는 대부분의 사람들은 생각만 해도 소름 끼쳐 하는 멀고도 험한 여행을 위해 길을 떠났다.

 오르페우스는 저승 세계로 들어가는 입구를 찾지 못해 사방을 헤매고 다니면서 지혜로운 사람이나 예언자들에게 길을 물었다.

 그러나 그들은 모두 고개를 절레절레 흔들면서 이렇게

말하곤 했다.

"안 되네, 오르페우스. 깊고 어두운 저승 세계는 살아 있는 사람이 결코 갈 수 없는 곳이야."

"저승 세계는 죽은 자들에게도 견디기 힘든 곳이야. 그들은 모두 단 한 번만이라도 태양 빛을 보게 해 달라고 간절히 기도한다네."

"하데스는 말할 수 없이 고집이 세고 엄하다네. 게다가 한숨도 자지 않고 지하 세계로 들어가는 문을 지키고 있는 케르베로스가 자네와 자네 아내를 밖으로 나오게 해 줄 것 같은가?"

"오르페우스, 이 세상에 사랑하는 사람을 잃은 이가 자네 하나뿐인 줄 아는가? 이미 수많은 사람들이 자네보다 먼저 눈물을 흘렸고, 사랑하는 사람과 헤어지는 고통을 맛보았다네.

그렇지만 시간이 흐를수록 눈물은 마르고, 마음속 상처도 언젠가는 아무는 법이라네. 인간의 운명이란 원래 그렇게 쓰라린 것이지. 어느 누구도 운명을 바꿀 수는 없다네."

하지만 오르페우스는 이런 말에 전혀 귀를 기울이지 않았고 늘 똑같이 대답했다.

"그런 말은 제가 듣고 싶은 대답이 아닙니다. 저승으로 가는 길을 아신다면 그거나 알려 주십시오."

그는 사방으로 묻고 또 물어 펠로폰네소스에 있는 타이게투스산 옆에 기다란 협곡이 있다는 사실을 알아냈다.

그곳은 헤라클레스가 저승 문을 지키는 케르베로스를 잡으러 갈 때 지나간, 어두운 동굴로 이어지는 길이었다.

케르베로스는 저승 세계로 들어가는 입구를 지키는 개였다. 꼬리에는 용 머리가 달린 데다 머리는 세 개나 되었다.

오르페우스, 그대는 어디로 가고 있나?

아! 드디어 오르페우스는 저승에 이르는 무시무시한 길을 찾아냈다.

그가 협곡으로 다가갈수록 길은 점점 더 험해지고 메말라 갔다.

이 길로 오는 도중에 마지막으로 만난 사람이 소리쳐 오르페우스를 불렀다.

"여보게, 젊은이! 대체 어디로 가는 건가? 당장 돌아오게! 그 길은 사람이 갈 수 있는 길이 아니야. 이제까지 그 협곡 안으로 들어간 사람은 아무도 없어. 그 곳은 보지도 말고 생각지도 않는 게 좋다네."

하지만 오르페우스는 무서움을 전혀 느끼지 않는 사람처럼 용감하게 협곡 안으로 들어섰다.

협곡 안에 살아 있는 것이라고는 가시 돋친 나무와 뱀들뿐이었다.

하지만 에우리디케에 대한 강한 사랑이 그에게 발걸음을 옮길 수 있는 용기를 불어넣어 주었고, 저승의 문턱을 넘어서게 해 주었다.

협곡 안으로 들어갈수록 주위는 점점 더 으스스해졌고, 어디선가 소름 끼치는 소리들이 들려왔다.

그렇지만 오르페우스는 조금도 흔들리지 않고 끔찍한 협곡의 끝까지 계속 걸어갔다.

마침내 거대한 괴물의 입처럼 쩍 벌어진 시커먼 구멍이 눈앞에 나타났다.

다른 사람 같으면 이렇게 무시무시한 저승 문을 보고 움찔했겠지만, 오르페우스는 용감하게 앞으로 나아갔다.

그러고는 더 이상 한낮의 태양 빛도 닿지 않는 깊고 깊은 어둠 속으로 빨려들 듯 발을 내디뎠다.

저승 세계로 내려간 오르페우스

그런데 몇 걸음 채 가기도 전이었다.

이상한 빛이 주위를 둘러싸더니 누군가 오르페우스의 손을 꽉 붙잡았다.

오르페우스가 고개를 돌려 보니, 그곳에는 뱀 두 마리가 얽혀 있는 지팡이를 든 잘생긴 남자가 서 있었다.

그 남자는 날개가 달린 모자를 쓰고 있었고, 발뒤꿈치

에도 날개가 달려 있었다.

오르페우스는 이내 그가 가끔씩 제우스의 명령을 받고 죽은 자들을 지하 세계로 안내하는 헤르메스임을 알아차렸다.

"네 용기는 참으로 칭찬할 만하지만 너는 이룰 수 없는 것을 꿈꾸고 있구나. 죽은 자들의 왕은 냉정하고 고집불통인 데다 사람들의 고통 따위는 아랑곳하지 않아. 사실 왕은 해마다 봄이 되면 아도니스를 지상으로 보내기는 하지. 하지만 그건 단지 아프로디테가 그를 사랑하기 때문이야. 그리고 가을이 되면 아도니스는 다시 땅속으로 돌아와야만 하지.

저승의 왕에게 예외란 있을 수가 없어. 아, 그의 아내 페르세포네에 대해 말하고 싶은가? 어쨌든 그녀는 죽은 게 아니고, 제우스의 뜻에 따라 해마다 어머니에게로 돌아가는 죽지 않는 신이야. 그러니 절대로 있을 수 없는 일에 대해서는 희망을 품지 않는 게 좋아."

하지만 헤르메스가 해 준 따끔한 충고도 오르페우스의 굳은 마음을 움직일 수는 없었다.

"제발 저를 저승의 왕 하데스에게 데려다주십시오."

오르페우스의 목소리가 너무나 간절하고 단호했기 때문에, 헤르메스는 잠시 동안 아무 말 없이 서 있었다.

얼마 뒤 헤르메스는 그때까지 놓지 않고 있던 오르페우스의 손을 앞으로 잡아끌었다.

그렇게 해서 그들은 다시 긴 동굴 속으로 난 길을 따라 끝없이 아래로 아래로 내려가게 되었다.

그리고 지구 한가운데까지 꾸불꾸불 이어져 있는 길을

따라 몇 시간이고 계속해서 걸어 내려갔다.

살아 있는 사람을 태운 카론

마침내 그들을 감싸고 있던 적막을 깨고 희미하게나마 바위를 때리는 물결 소리가 저 멀리서 규칙적으로 들려오기 시작했다.

오르페우스는 앞쪽을 유심히 바라보면서 걷다가 자신이 지하 세계에 흐르는 강가에 이르렀음을 깨달았다.

그 강이 바로 저승 세계를 둘러싸고 흐르고 있다는 신성한 스틱스강이었다.

강물 위에는 배 한 척이 떠 있었고, 저만치에서 뱃사공이 노를 저어 그들을 향해 다가오고 있었다.

뱃사공의 이름은 카론이었다.

카론은 오르페우스의 영혼을 강 건너편, 하데스가 다스리는 지하 왕국으로 실어다 주려고 온 것이었다.

그런데 카론은 살아 있는 오르페우스를 보자 화가 나서 헤르메스에게 소리쳤다.

"내 배에는 살아 있는 사람을 절대로 태우지 않는다는

걸 자네가 모른단 말인가? 도대체 저 사람을 뭐 하러 데려온 거야?"

그러자 오르페우스가 나서서 대답했다.

"제가 여기에 온 것은 순전히 제 뜻에 따른 겁니다. 제발 이 강을 건너게 해 주십시오. 저는 꼭 저승 세계의 왕을 만나야만 합니다."

오르페우스의 말을 듣고 카론은 금방 이렇게 되받았다.

"흥, 왜 그런지 알겠군. 하데스 왕을 만나서 애걸복걸해 보겠다 이거군. 그런데 나나 나의 주인인 하데스님을 네 녀석 따위가 설득할 수 있을 것 같으냐? 공연히 고생하지 말고 썩 꺼져 버려! 다시는 이런 건방진 짓을 못하도록 이 노로 두들겨 패 주기 전에! 정 이 배를 타고 강을 건너고 싶으면 땅 위로 돌아가서 얌전히 죽을 차례나 기다리는 게 좋을걸!"

카론은 화가 나서 큰 소리로 호통쳤다.

그런데도 오르페우스는 마치 아무 소리도 들리지 않는 것처럼 천천히 어깨에 메고 있던 리라를 풀어 내렸다.

오르페우스는 기다란 손가락으로 부드럽게 리라의 줄

을 어루만지기 시작했다.

그러자 음침하기만 했던 저승의 입구에는 이제까지 한 번도 들어 보지 못한 황홀한 선율이 울려 퍼졌다.

"이게 도대체 무슨 소리야?"

뜻밖의 소리에 놀란 카론은 오르페우스의 리라 소리를 더 듣고 싶었지만 그 마음을 애써 감추며 외쳤다.

그렇지만 얼음장처럼 차가운 뱃사공 카론은 미처 딴 생각을 할 겨를도 없이, 다시 마법에 걸린 사람처럼 아름다운 리라에서 흘러나오는 연주 소리에 빨려들었다.

오르페우스는 이때를 놓치지 않고 리라 줄에서 손을 떼지 않은 채 천천히 걸어 나가더니 어느새

배에 올라탔다.

그러자 너무 놀라 입을 쩍 벌리고 있던 헤르메스도 재빨리 오르페우스의 뒤를 따랐다.

그 뒤로도 카론은 몇 분 동안이나 꼼짝도 않고 리라 소리에 귀를 기울였다.

그러고는 양손으로 노를 들어 올려 울퉁불퉁한 바위들이 늘어선 강가로부터 배를 밀어냈다.

그러자 배는 신성한 강물 위로 조용히, 그리고 미끄러지듯 부드럽게 앞으로 나아갔다.

저승 세계를 지키는 케르베로스

세상 모든 것을 잊게 하는 오르페우스의 리라 소리에 흠뻑 빠진 카론은 거대한 저승 문 앞까지 배를 저어 갔다.

그 문은 언제나 활짝 열려 있었지만, 케르베로스가 한순간도 쉬지 않고 지키고 있었다.

배에서 내린 오르페우스와 헤르메스는 문안으로 걸어 들어갔다. 케르베로스는 살아 있는 사람과 함께 나타난 헤르메스를 보자 도저히 믿을 수 없다는 표정을 지었다.

케르베로스의 세 개나 되는 목구멍에서는 낮게 으르렁 대는 굵은 소리가 울려 나왔다. 그리고 꼬리 끝에 달린 용 머리에서도 가슴이 메스꺼워질 만큼 날카로운 소리를 내 질렀다.
 하지만 그것 이상으로 그들을 위협하지는 않았다.
 왜냐하면 케르베로스가 하는 일은 죽은 영혼이 저승 세

계에서 도망치지 못하게 하는 일이지, 들어오려는 사람을 막는 것이 아니었기 때문이다.

하데스를 만난 오르페우스

그로부터 얼마 지나지 않아, 헤르메스와 오르페우스는 땅속 세계를 지배하는 하데스 신 앞에 서 있었다.

죽은 자들의 왕은 높고 위풍당당한 왕좌에 앉아 있었다. 그 옆에는 아름다운 왕비 페르세포네가 앉아 있었다.

하데스의 왼쪽에 있는 높이 솟은 자리에는 현명한 세 명의 재판관인 미노스, 라다만티스, 아이아코스가 앉아 있었다.

그들이 맡은 일은 살아 있는 동안 큰 죄를 지은 영혼들에게 알맞은 형벌을 내리는 것이었다.

헤르메스가 살아 있는 사람을 이끌고 저승 세계로 들어서자, 그곳에 있던 이들은 모두 놀라서 벌떡 일어섰다.

특히 하데스는 몹시 화가 나서 얼굴이 붉으락푸르락해졌고 헤르메스에게 소리를 질러 댈 참이었다.

그런데 바로 그때, 오르페우스의 리라가 울리며 궁궐

가득히 화려한 선율이 울려 퍼졌다.

　이 위대한 가수는 너무나도 아름다운 노래를 부르기 시작했다.

　하데스는 음악에 빠져들어 아무 말도 하지 못하고 그저 앉아 있기만 했다.

　그도 그럴 것이 평생 동안 죽은 자들의 고통스러운 신음 소리 외에는 들어 본 적이 없는 저승의 신이 세상에서 제일가는 위대한 가수의 노랫소리를 들었으니, 어찌 마음을 뺏기지 않을 수 있었겠는가?

　그 노래가 하데스에게는 단순히 감동적이었다고 한다면, 페르세포네에게는 가슴속을 파고들어 온몸 구석구석에 걷잡을 수 없는 그리움이 물결치게 만들었다.

　명랑하게 지저귀던 새들의 노랫소리, 수정처럼 맑고 투명한 시냇물이 졸졸졸 흐르는 소리 그리고 리라와 플루트를 들고 인생의 즐거움을 찬미하고 신들에게 감사의 마음을 노래하던 가수들의 목소리…….

　페르세포네는 꽃이 가득 피어 있는 아름다운 대지에서 보냈던 즐거운 시간들이 떠오르자 가슴이 벅차올랐다.

죽은 자들의 재판관들 역시 땅 위에서 보냈던 아름다운 나날들이 생각나 북받쳐 오르는 감정을 애써 억누르며 음악 소리에 귀를 기울이고 있었다.

 살아 있을 때는 크레타를 다스리던 강력한 왕이었고, 언제나 엄한 표정을 짓고 있는 재판관 미노스는 너무나 감동해서 눈물을 흘릴 뻔했다.

 아이기나의 왕이었던 아이아코스도 눈시울이 뜨거워

지며 흐느껴 울고 싶은 심정을 꾹 참고 있었다.

보이오티아의 왕이자 법을 만드는 사람으로 이름을 떨친 라다만티스도 황홀경에 빠져 노래를 듣고 있었다.

그들은 모두 저승에서는 강력한 힘을 가진 재판관이었다. 하지만 비록 노예가 되는 한이 있더라도 땅 위에서 살 수만 있다면 훨씬 더 행복할 것이라는 사실을 잘 알고 있었다.

오르페우스의 노래를 듣는 이들의 가슴에는 지상으로 가고 싶다는 간절한 바람들이 물결을 이루어 흘러넘쳤다.

그 노래 속에는 땅 위에서 살아가는 즐거움과 신이 내린 위대한 선물인 사랑이 흘러넘쳤다.

오르페우스는 자신이 얼마나 열렬하게 에우리디케를 사랑했는지, 또 느닷없이 사랑하는 사람을 빼앗기고는 얼마나 고통스러운 나날을 보냈는지를 모두 쏟아 내려는 듯 혼신을 다해 노래했다.

오르페우스의 목소리는 점점 커지면서 어두운 저승의 가장 깊숙한 곳까지 잔물결처럼 퍼져 나갔다. 그의 감정도 점점 더 높아져 갔다.

그러자 저승에서 형벌을 받고 있던 이들도 가슴을 찢어 내는 듯한 오르페우스의 노랫소리를 듣고서는 앓는 소리를 멈추었다.

탄탈로스는 신들에게 건방지게 굴었다는 이유로 끝없이 배고픔과 목마름에 시달려야 하는 형벌을 받고 있었다.

그도 이 순간만큼은 배고픔도 목마름도 잊은 채 넋이

나간 듯 오르페우스의 노랫소리를 듣고 있었다.

　꾀 많은 시시포스는 신들을 속인 죄로 영원히 쉬지 못하고 커다란 바위를 산꼭대기까지 밀어 올려야 하는 벌을 받고 있었다. 그는 저승에 온 뒤로 처음으로 힘든 노동을 잠시 쉬고 가만히 오르페우스의 노래에 귀를 기울였다.

　그리고 밑 빠진 독에 물을 채워 넣는 벌을 받고 있던 다나이스들도 해도 해도 끝이 없는 헛된 일을 잠시 접어 두고, 터질 듯한 가슴으로 노래를 듣고 있었다.

마침내 다시 만난 연인들
　저승 세계의 모든 이들이 오르페우스의 노래에 사로잡혀 있을 때였다.

　갑자기 죽은 자들 가운데서 젊은 여자의 영혼이 앞으로 달려 나왔다.

　그녀가 바로 오르페우스의 노래를 듣고 사랑하는 사람을 만나기 위해 달려온 에우리디케였다.

　그리고 다음 순간, 언제부터인지도 모를 만큼 아주 오래전부터 지켜지던 저승 세계의 법이 산산조각 나 버

렸다.

에우리디케의 영혼이 살아 있는 오르페우스의 품으로 뛰어들었던 것이다.

그들을 지켜보고 있던 하데스는 마치 벼락이라도 맞은 것만 같았다. 왜냐하면 신성하고 영원히 지켜져야 할 법에 따라, 죽은 자와 산 자는 결코 만날 수 없었다.

그런데 오르페우스와 에우리디케가 많은 사람들이 지켜보는 가운데 이 법을 어겼기 때문이었다.

이제껏 한 번도 본 적도 들은 적도 없을 만큼 아름답고 용기 있는 만남을 지켜본 사람들은 가슴이 조마조마했다.

 그들은 화가 난 하데스가 호된 벌을 내려서 이 감격적인 포옹이 비극적으로 끝맺게 되지 않을까 걱정하고 있었다.

 헤르메스 또한 다른 사람과 마찬가지로 감동받았지만, 행여나 하데스의 노여움이 자기에게로 쏟아질까 봐 걱정했다.

 오르페우스와 에우리디케의 영혼은 서로를 열정적으로 끌어안고 떨어질 줄을 몰랐다.

 걱정이 된 헤르메스는 이들에게 잠시 떨어져 있으라고 충고했다. 사람들의 눈길은 이제 얼음장처럼 차갑고 냉정한 왕이 얼마나 무섭게 화를 낼지 조마조마해 하면서 하데스에게 쏠렸다.

 하데스는 고개를 숙인 채 아무 말 없이 앉아 있었다.

 한참이 지난 뒤에야 비로소 얼굴을 든 하데스는 두 눈에 눈물이 그렁그렁하게 고인 페르세포네를 뚫어지게 바라보았다.

마침내 하데스는 결심이 선 듯 오르페우스에게로 고개를 돌리며 말했다.

"네가 원하는 게 무엇이냐? 네 부탁을 들어주도록 하겠다. 저 스틱스강의 거룩한 물에 걸고 맹세하지."

오르페우스가 대답했다.

"지하 세계를 다스리는 강력한 왕이시여, 저는 제 사랑 에우리디케를 돌려받고 싶습니다. 그녀가 지상에서 보낸 시간은 너무나 짧았습니다. 그녀는 이제 막 사랑에 눈을 떴는데 그 기쁨을 맛볼 시간도 없었습니다. 저는 깊고 어두운 저승에서 그녀가 고통받고 있다고 생각하면 도저히 참을 수가 없습니다. 에우리디케 없이 저는 한순간도 살 수가 없고, 에우리디케 역시 마찬가지일 것입니다."

"이미 약속을 했으니 네가 바라는 대로 해 주겠다. 하지만 너도 지켜야 할 약속이 있다."

"시키시는 일은 무엇이든 다 하겠습니다, 왕이시여."

"에우리디케는 너와 함께 보내 주겠다. 네가 앞장서 가면 그녀는 네 뒤를 따를 것이다. 그러나 너는 태양 빛을 보기 전에 절대로 뒤를 돌아봐서는 안 된다. 지상에 닿기 전에 뒤돌아보는 날에는 그 즉시 에우리디케는 내 왕국으로 다시 돌아오고 말 것이다. 알겠느냐?"

하데스는 단호하게 말했다.

오르페우스는 기꺼이 그러겠노라고 약속했다. 그토록 그리던 사람과 함께 쏟아지는 햇빛 속으로 돌아갈 수만 있다면, 못할 일이 뭐가 있겠는가?

오르페우스의 가슴은 기쁨으로 터져 버릴 것 같았고, 누구라도 붙잡고 펄쩍펄쩍 뛰고 싶은 심정이었다.

초조한 귀향길

그들은 곧 출발했다. 헤르메스가 앞장서서 길을 안내하면 오르페우스가 그 뒤를 따랐고, 그들과 조금 떨어져서 에우리디케가 뒤따라왔다.

그들이 저승 문 앞에 다다랐을 때, 케르베로스는 세 개나 되는 머리를 쳐들고 그들을 위협했다.

하지만 오르페우스가 손가락으로 리라의 줄을 쓰다듬자 유쾌한 선율로 가득 찬 명랑한 음악이 흘러나왔다.

그러자 저승 세계를 지키는 무시무시한 케르베로스도

그 소리에 홀린 듯 고개를 떨구고 꼼짝도 하지 않고 서 있었다.

그들은 그렇게 저승 문을 통과했다. 그리고 다시 한번 카론의 배를 타고 스틱스강을 건너, 동굴까지 뻗어 있는 길고 가파른 길을 되돌아가기 시작했다.

길은 험하고 지루했다.

하지만 그들 가운데 누구도 그렇게 생각하는 사람은 없었다.

오르페우스의 정신은 온통 자신의 뒤쪽 어디선가 따라

오고 있을 에우리디케에게 쏠려 있었다.

'정말 그녀가 뒤따라오고 있는 걸까?'

오르페우스의 마음속에서는 슬그머니 이런 의심이 싹트기 시작했다.

주위가 너무나 조용했기 때문에 오르페우스는 자신의 발소리도 들을 수 있었다. 앞서가는 헤르메스의 발소리도 들려왔다.

그런데 뒤쪽에서는 아무 소리도 들려오지 않았다. 왜일까?

'에우리디케가 따라오지 않으면 어떡하지? 케르베로스가 저승 문을 통과하지 못하게 그녀를 붙잡았으면 어떡하지? 카론이 배를 태워 주지 않았으면 어쩌지?'

'아, 에우리디케가 뒤따라오는지 어떤지 알 수만 있다면 얼마나 좋을까? 딱 한 번만 볼 수 있거나 아니면 목소리라도 들을 수 있다면 얼마나 좋을까?'

이런 생각들이 길을 걸어가는 동안 끊임없이 그를 괴롭혔다.

주위는 몹시 어두웠지만 오르페우스는 어둠 속에서 헤

르메스의 모습을 구별해 낼 수 있었다.

그렇다면 그가 고개를 돌리기만 하면 뒤쪽에 에우리디케가 있는지 없는지 알 수 있을 것이다.

'도대체 지금 내가 무슨 생각을 하는 거야?'

오르페우스는 그런 생각을 하면 안 된다는 것을 깨닫고 소스라치게 놀라서 외쳤다.

"오, 신이시여! 그녀가 진정 제 뒤를 따라오고 있는 겁니까? 지상으로 올라가 찬란한 빛 속에서 정말 그녀를 볼 수 있는 겁니까? 저는 알 수가 없습니다. 왜 아무 소리도 들리지 않는 겁니까? 어째서 저를 이토록 고통스러운 시험에 빠지게 하십니까? 왜입니까?"

오르페우스는 헤르메스의 뒤를 따르면서도 지독한 불안에 사로잡혀 당장이라도 쓰러질 지경이었다.

마침내 저 멀리서부터 바위에 반사된 햇빛이 희미하게 보이기 시작했다.

그리고 오르페우스의 처절한 고뇌도 절정에 이르렀다.

발을 한 걸음 한 걸음 뗄 때마다, 주위가 조금씩 조금씩 밝아질수록, 그를 괴롭히는 의심도 함께 자라서 오르페우스는 더 이상 견딜 수가 없었다.

뒤돌아보고 만 오르페우스

이제 동굴 속에도 햇빛이 쏟아져 들어왔다. 그들의 길고 힘든 여행도 곧 끝이 날 것이다.

그들 앞에는 한낮의 태양이 눈부시게 빛나고 있었고, 이제 몇 초 뒤면 오르페우스는 사랑하는 사람을 되찾을 것이다.

에우리디케가 뒤에 있기만 하다면!

'하지만 만약 그녀가 없다면?'

이런 생각이 들자 오르페우스의 가슴은 서늘해졌다.

마침내 오르페우스는 밀려드는 불안을 이기지 못하고 고개를 돌리고 말았다.

그리고 그때 에우리디케의 슬픈 두 눈을 보았다.

아! 신은 왜 이렇게도 사람들에게 가혹하게 군단 말인가?

오르페우스는 에우리디케가 사라져 버리기 전에 그녀를 껴안으려고 있는 힘을 다해 팔을 뻗었다.

하지만 그러기엔 이미 너무 늦어 버렸다.

오르페우스가 붙잡기도 전에 에우리디케는 그의 손아귀에서 미끄러지듯 빠져나갔다.

그러더니 바람결에 날려 망령들이 사는 어두운 왕국으로 빨려 들어가 버렸다.

에우리디케를 영원히 잃고

다시 한번 사랑하는 사람을 잃은 오르페우스는 처음보

다 훨씬 당황했다. 오르페우스가 허둥지둥 뒤쫓아갔지만 에우리디케의 모습은 이미 보이지 않았다.

 에우리디케를 포기할 수 없었던 오르페우스는 지하 세계를 향해 정신없이 내달렸고, 어느새 스틱스강가에 서 있었다.

오르페우스는 카론 앞에 무릎을 꿇고 앉아서 한 번만 더 강을 건네게 해 달라고 애원했다.

하지만 뱃사공 카론은 그의 눈물겨운 부탁에도 눈썹 하나 꿈쩍하지 않았다.

일곱 번의 낮과 일곱 번의 밤이 지나도록 오르페우스는 스틱스강가를 떠나지 않고 서성이면서, 카론에게 강을 건네게 해 달라고 빌고 또 빌었다.

결국 여덟 번째 되는 날, 오르페우스는 가슴이 무너져 내리는 듯한 절망을 안고 발걸음을 돌릴 수밖에 없었다.

그리고 사랑하는 아내를 되찾아 오리라는 다부진 마음을 안고 내려갔던 험하고 가파른 그 길을 혼자서 터덜터덜 걸어 올라가 햇볕이 내리쬐는 지상에 다다랐다.

그런데 바로 동굴 입구에서, 오르페우스는 에우리디케를 잡으려고 팔을 뻗으면서 떨어뜨렸던 리라를 발견했다.

아, 운명은 어쩌면 이토록 잔인할 수 있단 말인가!

오르페우스의 리라는 두 걸음만 더 가면 태양 빛을 받을 수 있는 자리에 떨어져 있었던 것이다!

오르페우스는 허리를 굽혀 리라를 집어 올렸다.

하지만 곧 가슴을 갈기갈기 찢어 놓는 슬픔 때문에 리라를 있는 힘껏 내동댕이치고 말았다.

그의 처절한 고통은 마치 성난 폭풍우처럼 울리고 또 울려 잔인한 산 전체에 퍼져 나갔다.

그 순간 오르페우스를 위로할 수 있는 것은 세상 어디에도 없었다. 얼음보다 차가운 하데스가 그에게 요구한 조건은 너무나 가혹했다.

결국 오르페우스는 그 약속을 지키지 못해 다시 한번 사랑하는 사람을 잃고 말았던 것이다.

이 불행한 가수는 고향으로 돌아왔다.

하루 이틀, 해가 가고 달이 바뀌어 몇 해가 지나도 오르페우스는 낮이나 밤이나 온통 에우리디케만 생각했다.

안타까운 마음으로 그를 지켜보던 사람들은 다른 사람과 결혼하라고 충고했다. 하지만 그때마다 오르페우스는 대답 대신 리라를 들어 단단한 바위조차도 가슴이 무너져 내릴 만큼 슬픈 음악을 연주하곤 했다.

드디어 트라키아에서 디오니소스를 기리는 성대한 축제가 열렸고, 위대하지만 비극적인 가수에게도 죽음을 맞

이할 시간이 다가오고 있었다.

위대한 가수의 죽음

디오니소스 축제에 참가한 이들은 대부분 여자들이었다.

그들은 입술에 포도주 냄새를 풍기면서, 디오니소스를 열광적으로 따르는 마이나스들의 흉내를 내면서 춤추고 노래했다.

그 가운데 한 무리의 여자들이 오르페우스에게 음악을 연주하고 노래를 불러 달라고 부탁했다.

하지만 여전히 깊은 슬픔에 빠져 있던 오르페우스는 떠들썩한 그녀들과 어울리고 싶지 않았다.

거절당한 여자들은 기분이 상해서 심하게 화를 내며 가버렸다.

그런데 축제가 끝날 무렵, 오르페우스는 술에 잔뜩 취해서 시끌벅적하게 소란을 피우며 돌아오던 그 여자들과 다시 마주쳤다.

오르페우스를 본 여자들은 흥분해서 소리쳤다.

"여기, 우리를 모욕한 남자가 있다. 이 남자는 우리를 싫어하고 디오니소스 신을 받들기를 거절한 자다!"

그들은 이렇게 외치면서 돌멩이, 나무 막대기, 심지어 낫까지 들고 오르페우스를 향해 덤벼들었다.

그러고는 자신들이 무슨 짓을 하고 있는지도 모르는 채, 술에 취해 비틀거리면서 사나운 맹수처럼 불행한 가수를 죽이고 말았다.

하지만 술에서 깨어나 자신들이 한 짓을 깨달은 여자들은 너무나 부끄러워 피로 물든 손을 씻으려고 가까운 강으로 달려갔다.

그런데 그들이 강으로 다가가자 순식간에 강물이 모두 말라 버렸다.

자신의 강물에 여자들의 피 묻은 손을 씻게 해서 함께 죄를 짓고 싶지 않았던 강의 신이 강물을 모두 땅속으로 숨겨 버렸기 때문이었다.

밤하늘에 빛나는 오르페우스의 리라

오르페우스는 죽었지만 그의 영혼은 에우리디케가 기다리는 저승으로 달려갔다.

마침내 오르페우스는 에우리디케를 잃을지도 모른다는 두려움에 떨지 않고 그녀를 바라볼 수 있게 되었다.

그러나 죽은 자들의 세상인 저승에는 웃음소리도 기쁨도 없었다. 부드러운 리라 소리나 지하 세계의 적막을 깨뜨리는 아름다운 목소리도 없었다.

그래도 오르페우스와 에우리디케만은 그곳에서도 행복했다. 그들의 사랑이 죽음을 이긴 것이다.

오르페우스의 예술 역시 승리를 거두었다.

숲이 우거진 올림포스산비탈에는 세상 어느 곳보다 새들이 유난히 아름답게 노래하는 곳이 있다.

사람들은 오르페우스의 죽음을 슬퍼한 뮤즈들이 그의 시체를 거두어 그곳에 묻었기 때문이라고 말했다.

한편 주인을 잃은 오르페우스의 리라는 어떻게 되었을까?

오르페우스의 리라는 파도에 밀려 레스보스섬까지 떠내려갔다. 파도가 밀려와 리라 줄을 때릴 때마다 아름다운 멜로디를 연주하곤 했다.

그 아름다운 소리를 들은 아폴론은 바닷가에서 리라를 끌어 올려 하늘에 자리잡게 해 주었다.

그때부터 오르페우스의 리라는 밤하늘에서 밝게 빛나는 별자리가 되어

'거문고자리'라고 불리게 되었다.

세월이 흘러도 레스보스섬에서는 파도가 바위로 된 곳이나 모래 해안에 와서 부딪칠 때마다 계속해서 부드럽게 노래했다.

그 아름다운 소리를 듣고 지낸 레스보스섬 사람들은 음악과 시를 사랑하게 되었다. 그리고 사포, 알카이오스, 아리온과 같이 위대한 시인과 가수들을 낳았다

아리온

그 가운데서 아리온에 대한 신기하고도 재미있는 이야기가 전해진다.

신화에 따르면 아리온은 대지를 뒤흔드는 바다의 신 포세이돈의 아들이었다.

아리온은 아주 어려서부터 시와 음악에 남다른 재주를 보였다.

어느 날, 아리온은 우연히 코린토스의 왕이자 고대 그리스에서 가장 현명한 일곱 사람 가운데 한 명으로 손꼽히는 페리안드로스의 눈에 띄게 되었다.

페리안드로스 왕은 예술을 몹시 사랑해서 많은 예술가들을 돌봐 주었다.

그런데 그는 아리온의 연주를 듣고 그의 목소리와 완벽한 선율에 반해 버렸다. 깊은 감동을 받은 왕은 이 놀라운 가수에게 풍요롭고 강력한 도시 코린토스로 올 것을 청했다.

코린토스에는 이미 온갖 분야의 예술가들이 페리안드로스의 자비로운 후원을 받아 활발한 활동을 하고 있

었다.

아리온은 왕의 뜻을 받들어 코린토스로 옮겨 갔고, 그 덕분에 온 세계에 이름을 떨치게 되었다.

온갖 상을 휩쓴 아리온

어느 해 시칠리아에서 아주 큰 축제가 열렸다.

고대의 모든 도시들은 가장 재능 있는 예술가를 뽑아 경연 대회에 내보냈다. 물론 코린토스에서는 아리온이 뽑혔다.

시칠리아에서 아리온의 공연은 큰 성공을 거두었다.

아리온이 나타나기만 해도 사람들은 뜨거운 박수를 보내 주었다. 심사 위원들은 누구에게 최고의 영광을 줄 것인지 고민할 필요가 없었다.

아리온은 작곡가, 시인, 연주가로서 모든 마을, 모든 축제에서 최고의 상을 휩쓸었다.

드디어 아리온은 황금으로 된 우승컵과 값을 매길 수 없을 만큼 귀한 선물들을 가지고 코린토스로 돌아가게 되었다.

아리온과 도둑들

그러나 불행히도 아리온을 기다린 것은 도둑들에게 모든 것을 빼앗길 운명이었다.

아리온을 코린토스로 데려다줄 배가 돛을 올리기도 전에, 양옆에 억세게 보이는 선원들을 거느린 선장이 음흉한 미소를 지으며 아리온에게로 다가왔다.

그들은 아리온을 바닷물 속으로 던져 버리겠다고 말했다.

"도대체 내가 무슨 잘못을 했다고 이러는 겁니까? 내가 왜 이런 일을 당해야 한단 말입니까?"

소스라치게 놀란 아리온이 따져 물었다.

"그렇게 알고 싶다면 말해 주지. 그 이유는 말이야, 바로 당신이 지나치게 많은 금을 가지고 있다는 거야, 흐흐흐."

"금이라면 얼마든지 드리겠습니다. 그러니 목숨만은 살려 주십시오. 나는 계속해서 노래를 불러야 한단 말입니다."

"우리가 그 부탁을 들어줄 만큼 어리석어 보이는가? 만약 자네를 살려 주면 코린토스에 도착하자마자 페리안드로스 왕에게 달려가 우리가 자네한테 강도 짓을 했다고 고해 바칠 테지. 그렇게 되면 우리는 끝장이 난단 말씀이야. 사실 우리끼리 하는 얘긴데 말이지, 어떤 멍청한 녀석이 내 돈을 털어 가고 목숨을 살려 준다면 나도 똑같이 할 거라네."

선장은 아리온을 비웃으며 냉정하게 대꾸했다.

하지만 아리온은 희망을 버리지 않았다.

"그렇군요. 당신들에게 목숨을 구걸해 봐야 아무 소용도 없겠군요. 그러면 할 수 없지요. 죽기 전에 마지막으로 리라나 한 번 타게 해 주시오. 설마 그것마저 거절하지는 않겠지요?"

"그 정도야 그리 어려운 부탁도 아니군. 얼마든지 연주해 보게. 원한다면 춤도 추지 그래."

선장은 별생각 없이 선뜻 대답했다.

그렇게 해서 아리온은 뱃머리에 앉아 리라를 타며 노래를 부르기 시작했다.

그는 아름다운 노래 속에 위대한 바다의 신인 아버지에게 도와 달라는 간절한 호소를 담아 보냈다.

그러자 파도에 실려 바다 위에 울려 퍼지는 음악 소리를 듣고 돌고래 떼가 나타나더니, 배를 뒤따라오기 시작했다.

그때 위대한 가수 아리온의 노래를 조용히 듣고 있던 선장이 갑자기 그를 발로 차 바닷물 속으로 떨어지게 했다.

그러고는 보물에 눈이 멀어 뒤도 한 번 안 돌아보고 이제 자기 차지가 된 아리온의 보물이 든 궤를 향해 곧장 달려갔다.

그러나 아리온은 물에 빠져 죽지 않았다.

아리온이 바다로 떨어지자 돌고래 한 마리가 재빨리 물속으로 들어가 그의 몸을 받치고 다시 떠올랐기 때문이었다.

곧 아리온의 리라 소리는 다시금 바다 위로 울려 퍼졌다. 아리온은 돌고래의 등에 타고 코린토스로 돌아가는 여행을 계속할 수 있었다.

친절한 돌고래는 아리온을 펠로폰네소스의 타이나론 해안까지 데려다주었다. 그래서 아리온은 도둑보다 먼저 코린토스에 닿을 수 있었다.

 아리온은 코린토스에 도착하자마자 곧바로 페리안드로스 왕에게 달려갔다.

 그러고는 자신이 얼마나 끔찍한 일을 당했으며, 어떻게 살아남았는지 자세히 말해 주었다.

 다음 날 도둑의 배가 항구에 들어왔다.

왕은 선장을 궁궐로 불러들여 아리온이 어디에 있는지 물었다.

선장은 미리 연습해 둔 대로 대답했다.

"그는 잠시 시칠리아에 머무르고 싶다고 했습니다. 그래서 함께 오지 못했습니다."

"그것이 틀림없는 사실이렷다. 왕인 내 이름을 걸고 맹세할 수 있겠느냐?"

페리안드로스는 엄한 표정으로 물었다.

선장은 잠시 멈칫거렸다.

하지만 그에게 순순히 맹세하는 길 외에 다른 수가 있었겠는가?

그런데 바로 그 순간, 문이 열리더니 아리온이 나타난 것이다!

선장은 너무 놀라 몸을 비틀거렸다. 그는 도저히 자신의 눈을 믿을 수가 없었다.

"아니, 어떻게 이런 일이! 절대로 있을 수 없는 일이야."

선장은 숨이 막히는 듯 헐떡거리며 말했다.

"그래도 이놈이!"

페리안드로스는 노발대발하여 고래고래 고함을 질렀다. 그러고는 병사들에게 그를 당장 잡아 가두라고 소리쳤다.

얼마 지나지 않아 선장은 손발이 꽁꽁 묶인 채 배에 실려 바다에 던져지는 신세가 되었다.

하지만 그에게는 아리온과 같은 어떤 기적이 아무것도 일어나지 않았다.

저주받은 플루트와 마르시아스

지금까지 아름다운 음악과 음악가들에 대해 이야기했으니, 끝으로 한 가지 신화만 더 들어 보기로 하자.

그것은 플루트 솜씨를 뽐내며 아폴론에게 도전했다가 목숨을 잃고 만 가엾은 마르시아스에 대한 신화다.

마르시아스는 반은 사람이고 반은 짐승인 숲의 신 사티로스들 가운데 하나였다.

그런데 그의 플루트에는 숨겨진 사연이 있었다.

만약 마르시아스가 그 사연을 미리 알았더라면 그는 아마 플루트에 입을 대지도 않았을 것이다.

이 이야기는 새로운 물건을 만들어 내기 좋아하는 발명의 여신 아테나로부터 시작된다.

어느 날, 아테나 여신은 아름답고 기다란 사슴의 넓적다리뼈를 주웠다. 그녀는 그 뼈가 몹시 마음에 들어 뭔가 사람의 눈길을 끌면서도 유용한 것을 만들 수 없을까 하고 이리저리 궁리했다.

곧 마음을 정한 아테나는 사슴 뼈의 양쪽 끝을 잘라 내고 속을 깨끗이 파낸 다음, 길이대로 줄지어 구멍을 뚫었다.

그리고 한쪽 끝에는 입에 물고 바람을 불어넣을 수 있게 멋진 구멍을 만들었다. 작업이 모두 끝나자 아테나는 줄지어 선 구멍 위에 손가락을 얹고, 바람을 불어넣는 구멍에 입을 대고 살며시 불어 보았다. 새로운 악기에서는 아름다운 소리가 흘러나왔다.

이것이 바로 세계 최초의 플루트였다.

아테나는 새로운 발명품에 푹 빠져서는 피곤한 줄도 모르고 계속 연주했다.

어느 날 아테나가 올림포스 신들이 모인 자리에서 플루

트를 불며 아름다운 소리를 들려주고 있을 때였다.

아테나는 헤라와 아프로디테가 서로 마주 보며 남몰래 킥킥거리고 있는 것을 알아차렸다.

화가 난 아테나는 플루트를 내려놓고 소리쳤다.

"그대들은 도대체 왜 날 비웃는 거지요? 다른 신들은 모두 내 음악을 즐기고 있는데, 왜 숨어서 날 조롱하는 거예요?"

그러자 두 여신은 대답했다.

"당신이 그 악기를 불 때 당신의 얼굴을 볼 수만 있다면, 우리가 왜 웃었는지 저절로 알게 될 거예요."

"틀림없이 샘이 나서 저러는 걸 거야."

아테나는 이렇게 중얼거리면서 강가로 갔다.

그녀는 플루트를 불면서 강을 따라 걷다가, 강물에 비친 자신의 모습을 보게 되었다. 아테나의 눈에 들어온 자신의 모습은 바람을 불어넣느라고 얼굴이 몹시 일그러진 데다 볼은 잔뜩 부풀어 우스꽝스럽게 보였다.

그제야 아테나는 헤라와 아프로디테가 뒤에서 킥킥거렸다고 해서 그들을 욕할 일이 아니라는 것을 깨달았다.

그러자 별안간 화가 치밀어올라 플루트를 집어던지면서 소리를 질렀다.

"이 괘씸한 장난감 같으니라고! 너 때문에 내가 그들 앞에서 모욕을 당했단 말이다. 누구든 너를 주워서 입에 대는 사람에게 저주가 있으리라!"

아폴론에게 도전한 마르시아스

아테나가 던져 버린 플루트는 마르시아스의 손에 들어가게 되었다.

마르시아스는 플루트를 주웠을 때, 그런 저주가 붙어

있으리라고 꿈에도 생각하지 못했다. 그는 플루트의 생김새가 마음에 들어 갖고 있기로 마음먹었다.

그런데 시간이 흐를수록 마르시아스는 점점 더 플루트가 좋아졌고 아름다운 소리를 내는 법도 배우게 되었다.

그의 연주를 듣는 사람은 누구나 아폴론도 이보다 더 훌륭한 연주를 할 수 없을 거라고 칭찬했다.

가엾은 마르시아스! 단 한 번도 자랑이라고는 해 본 적이 없던 그였지만 아테나의 저주를 받았으니 어쩌겠는가?

갑자기 마르시아스는 사람들을 만나기만 하면 황금빛 머리카락을 가진 아폴론보다 자기가 훨씬 훌륭한 연주자라고 으스대고 다니기 시작했다.

이 불쌍한 마르시아스 앞에 몹시 화가 난 음악의 신 아폴론이 나타나기까지는 그리 오랜 시간이 걸리지 않았다.

화려하게 차려 입고 황금 리라를 든 눈부신 아폴론은 아홉 명의 뮤즈와 함께 나타났다.

아폴론은 따지듯 물었다.

"네가 감히 나보다 뛰어난 음악가라고 떠벌리고 다닌다

지? 신이든 인간이든 이 세상에 나와 견줄 만한 음악가가 있다고 생각하느냐?"

그러자 마르시아스가 대답했다.

"그렇다면 우리에게 필요한 것은 시합뿐입니다. 저 아홉 명의 자매들에게 누가 더 훌륭한 연주를 하는지 심판을 봐 달라고 하는 게 좋겠군요. 그리고 누가 되든지 진 사람은 이긴 사람이 내리는 벌을 받기로 하는 게 어떻겠습니까?"

가엾은 마르시아스, 이 무슨 경솔한 말인가!

그대는 미천한 사티로스 주제에 막강한 신을 상대로 서툰 솜씨를 겨룬다는 게 꿈이나 꿀 수 있는 일이라고 생각하는가?

신은 모욕당할 수 없으며, 엄한 벌을 내릴 때는 너무나도 가혹하다는 사실을 알지 못했던가?

아폴론은 노여움 때문에 얼굴이 시뻘게져서 외쳤다.

"나는 너를 이길 것이다. 그리고 나에게 이토록 건방지게 군 대가를 톡톡히 치르게 해 주겠다."

그런데도 마르시아스는 너무나 태연하게 입술에 플루트를 갖다 댔다. 플루트 연주가 시작되자 뮤즈들은 존경심과 두려움에 떨며 서 있었다. 심지어 아폴론조차 자신의 귀를 의심했다.

마르시아스의 플루트에서 나오는 소리는 너무나 완벽했기 때문에 신이든 인간이든 그보다 나을 수는 없을 듯했다.

다음은 아폴론의 차례였다.

아폴론의 연주도 마르시아스만큼 훌륭했지만 더 뛰어

나지는 않았다. 그래서 뮤즈들은 어느 쪽의 손도 들어 줄 수가 없었다.

일이 이쯤 되자, 아폴론의 가슴에는 마르시아스에 대한 분노가 부글부글 끓어올랐다.

아폴론은 자신을 욕보인 마르시아스에게 복수를 하리라 마음먹었다. 비록 비열한 방법을 쓰는 한이 있더라도 말이다.

"좋아, 그러면 이번엔 악기를 거꾸로 들고 연주하기로 하겠다."

그러고는 아폴론은 황금 리라를 거꾸로 들고 처음과 다름없이 훌륭하게 연주했다.

하지만 어쩌면 좋단 말인가!

플루트는 아래쪽에 바람을 불어넣는 구멍이 없었기 때문에, 불쌍한 마르시아스는 소리조차 낼 수 없었다.

뮤즈들은 하는 수 없이 아폴론의 승리를 선언했다.

그러자 아폴론은 마치 번갯불처럼 마르시아스를 덮쳤다.

마르시아스는 감히 신에게 도전했다는 이유로 끔찍한

고통에 몸부림치다가 죽고 말았다.

숲의 요정들은 마르시아스를 위해 눈물을 흘렸고, 강 옆에 그를 묻어 주었다.

뮤즈들은 마르시아스가 가여워서 아버지인 제우스에게 마르시아스에게 동정을 베풀어 달라고 부탁했다.

제우스는 마르시아스의 영혼을 깊고 어두운 저승 세계로 내려보내지 않았다. 그리고 마르시아스의 영혼을 그의 무덤 아래로 흐르는 강물에 풀어 주었다.

그러자 그때부터 강물은 플루트를 연주하는 것처럼 리듬에 맞춰 흘렀다. 사람들은 강이 만들어 내는 노랫소리에 귀를 기울이며 기뻐했다.

하지만 때때로 아폴론의 가혹한 복수가 생각날 때면, 강물은 성난 파도처럼 사납게 으르렁대며 가슴속에 간직한 슬픔과 공포를 토해 내며 굽이쳐 흐르곤 했다.

제1권 키워드 권력
    제우스 헤라 아프로디테

제2권 키워드 창의성
    아폴론 헤르메스 데메테르 아르테미스

제3권 키워드 갈등
    헤파이스토스 아테나 포세이돈 헤스티아

제4권 키워드 호기심
    인간의 다섯 시대 프로메테우스 대홍수

제5권 키워드 놀이
    디오니소스 오르페우스 에우리디케

제6권 키워드 탐험
    다이달로스 이카로스 탄탈로스 에우로페

제7권 키워드 성장
    헤라클레스

제8권 키워드 미궁
    페르세우스 페가소스 테세우스 펠레우스

제9권 키워드 용기
    이아손 아르고스 코르키스 황금 양털

제10권 키워드 반전
    전쟁 일리아드 호메로스 트로이

제11권 키워드 우정
    오디세우스

제12권 키워드 독립
    오이디푸스 안티고네 에피고오니

정재승이 추천하는
뇌과학으로 신화 읽기 《그리스 · 로마 신화》